血緣、姻緣，
聚一個好緣

愛情婚姻諮商專家
林蕙瑛博士 ◎著

血緣、姻緣，聚一個好緣

推薦序

　　這本新書是蕙瑛老師的第41本書，令人佩服。在我認識她多年的歲月裡，她每一次出書，我就是那鼓掌者，每每叮嚀學生，實務工作和生活中，絕對不要少了蕙瑛老師的書。這樣的推薦是因為她的書，幾乎每本都有幾個特質：1.文化的檢視，2.專業的詮釋，3.現代的啟發。這本書也不例外，讀來真令人喜歡。

　　首先談文化的檢視。我們的文化中，傳統的夫妻軸和婆媳軸，經常讓許多現代女性有適應上的壓力，甚至不想選擇婚姻。這本書中，我們看到蕙瑛老師，犀利的在多個婚姻諮詢個案中，提醒我們婚姻適應之路需要檢視自己如何受到傳統社會角色規範的約束，了解這一隻性別角色的大手，如何影響每個人的婚姻關係後，再從覺醒中去了解，和走出婚姻調適之道。

　　從書中的案例，不難看出我們的社會受制於傳統的性別角色影響太大了。許多的男女和家庭，觀念保守，忽略了「男主外、女主內」之刻板印象一直影響婚姻關係、婆媳和家庭關係。難怪台灣的現代女性為何比男性更不想結婚、不

想生小孩、不想和婆婆生活在一起。看了這本書，你一定會覺得大家應該一起來解構並解除社會中性別的舊框架及不合時宜之性別角色、刻版印象和角色壓力，讓許多人在生活中可以呼吸。這是蕙瑛老師這本書給我的第一個大啟示。

再談專業的詮釋。蕙瑛老師在台灣家庭關係和婚姻關係的專業影響力是令人印象深刻的，她已發展了她獨樹一格的婚姻諮商風範和家庭關係解決能力。在東吳等大學和其他教育組織，或是媒體和企業的邀約中，滿滿的演講和諮商的日子裡，我看到她除了桃李滿天下，還有助人無數，就像這本書所流露的，她的婚姻和家庭諮商世界裡，有著她很強的學理基礎，許許多多家庭動力學、婚姻與家庭理論、整合性婚姻諮商、家庭諮商等專業知識，加上嫻熟的諮商技巧，讓她在這個專業領域的魅力無可擋。

她不只是運用其堅實的專業能力，讓個案的問題適時適地得到最適協助，影響所及，已超越個人、夫妻、親密關係中的伴侶，尚包括婚姻或伴侶、又或是家庭諮商這一個助人的專業，也擴及家庭關係日益脆弱的社會。這讓我想起以前我寫博士論文時，一位哥倫比亞大學教授Dr./professor Sheila Kamaman送給我的一句話：與其阻擋社會的變遷，不如趕快找出因應這社會變遷的解決方法。蕙瑛老師就是那實踐者，

這是她這本書給我的第二個大啟示。

最後談現代的啟發。蕙瑛老師獨特之處，是她把現代性別平等觀融入諮商中，而且，她是少數具有在地意識又具國際觀點的婚姻諮商專家。雖然，台灣的社會已經相當重視性別平等，依聯合國衡量世界各國性別平等狀況的性別不平等指數GII（Gender Inequality Index），以勞動參與率、賦權（含政治參與和中高等教育）以及健康（含孕產婦死亡率以及青少女懷孕率）等三個面向、五個指標來計算，台灣性平成就，近年世界排名約位於第八和第九名，但是在私領域和公領域的許多環節裡，儘管社會重視女性公領域參與，但社會照顧（托兒/托老）嚴重不足，讓許多女性陷入工作和家庭多頭燒的窘境。蕙瑛老師的案例解析告訴我們，這不只是個別婚姻關係的問題，而是整體社會各層面關係的問題，不只是個人問題，而是整體社會結構性問題。期待未來家內勞務能更性別中立化，職場環境更友善且彈性化、社會公共照顧系統更普及且社區化，婚姻、家庭或是婆媳諮商或許可以更輕鬆些。這是蕙瑛老師這本書給我的第三個大啟示。

這本書，超越親密關係的探討，關注到影響親密關係至巨的婆媳關係等等，有許多案例的剖析，文字深入淺出，呈現有微視和巨視兼而有之的諮商藝術，無論是專業者或是實

務工作者，甚至我們生活周遭的鄰里朋友，讀來都會受益無窮。出版之際，一方面祝福此書出版順利，也期待有更多人在商品化的世界中找到幸福感的書，相信，蕙瑛老師的書會是您的最適選擇。

王麗容

國立臺灣大學社會工作學系教授
臺大性別平等教育委員會副主委
台北市性別平等委員會副主委

自序

　　大學時心理系教授曾說「心理就是生活」（Psychology is life），當時覺得有點深奧，後來有了專業知識的獲得、實務經驗的累積，及歲月的流動，才終於體會到人的認知、情緒與行為所呈現的心理狀態，都是跟生活息息相關。因此，諮商心理師、婚姻諮商師或家庭治療師，都是從心理學的基礎在幫助人們探討個人、伴侶或家庭問題，處理負面情緒，分析困難，以新行為代替原有行為做為對策或因應之道，以求感覺舒適，生活自在。

　　人一生當中不可能沒有困擾或挫折，而個人困擾中絕大部分都與人際關係有關，更何況夫妻的雙人關係，乃至家庭成員中兩人或多人關係，都因人與人及人與環境而可能產生一些不意欲的結果或人際困擾，久而久之形成個人內心衝突或人際間的衝突。

　　雖說樂天派的人活得快樂一些，一旦有了人際牽扯，也是得面對，還是得視衝突的對象去學習應對之道；也就是說，有了困擾悶在心裡，或以自己的方式來處理，不是不可以，但壓抑情緒會影響健康，自行因應也許是事倍功半。多

讀諮商心理學書籍，多上點相關課程，或尋求諮商/治療，都是增強自我能量且精進人際技巧的良策。

生活中的人際困擾太多了，任何一件事，對某些人來說就可能是大問題。姑且不論工作上的人際問題，光是婚姻與家庭中就不勝枚舉了。夫妻間除了個性不合和外遇兩大最常見問題外，婆媳不和與親子關係則是常見的家庭代間問題，牽涉到許多小問題及家庭成員，甚至是家庭外之人，處理不易。

筆者觀察台灣社會中家庭生活現況，蒐集了許多資料，加以整理，編寫成案例，雖是虛擬人物與情節，卻是婚姻與家庭的真實反映，都有可能發生在你我身上。本書以引導讀者閱讀故事的方式了解家庭困難所在，跟隨諮商方向，獲得輔導的概念，學習看待及處理衝突。

俗話說「攘外要先安內」，正好符合企業/員工諮商（EAP Employee Assistance Program）的主旨，研究也證明了員工只有先處理好個人及家庭問題，尤其是親密關係，才能安心於工作，並將家庭人際技巧轉換成工作人際技巧，形成良好的人脈，創造和諧的工作環境。

本書27個案例雖是涵蓋許多最常見的家庭人際問題，尤其是兩代之間的衝突，然而還有許許多多的困擾無篇幅可呈

血緣、姻緣，聚一個好緣

現。有待讀者閱讀完畢後，可以舉一反三，試著處理自己的問題，也可幫助家人朋友紓解情緒。

感謝金塊文化余素珠總編輯的鼓勵與支持，在疫情艱難時期，催生出版本書，也謝謝我的助理陳昱安忍受我的潦草字跡，耐心打字及更正錯誤。僅將此書獻給我過世兩年的母親，她生前一直以我寫書為榮，謝謝您媽媽！

林蕙瑛

109.8.31

① 婆媳心結宜解不宜結

> 婆媳一向各有立場，如果能站在對方的立場設想，就能夠瞭解彼此的想法與情緒，且兩個人都應該替自己所愛的人設想。

案例一 ▶ 文音的心結

我與男友相知相戀已四年，從認識開始，他媽媽就對我很冷淡。兩年前我們決定同居時，她的臉色更不對了，表面上客客氣氣，對我說話卻是陰陽怪氣，我感覺她在擔心我搶走她的獨子，我跟男友提過，他卻不以為意，說是我多心了。他根本就沒看過我和他媽單獨說話的情境！

看在她是男友母親的份上，我不想對她不敬，但有一次實在忍不住了，我口氣不太好地拜託她好好跟我說話，她不語，整個晚上都擺臭臉給我看，我也忍著。回家後向男友訴苦，他說我們兩個都過度反應，下次別這樣了。

從此我不再去男友家了，因為不想去不受歡迎的地方。男友還是三天兩頭回家打轉一下，偶爾陪父母吃晚餐。當然他也好言勸我跟他一起回家，說媽媽在問我的近況。我實在

是不想拿熱臉去貼人家的冷屁股，真受不了他母親的態度。

因為沒去他家，也有幾個月沒問候他父親了，一個不管事的好人。我不確定自己該如何處理這種情況，我們打算兩年後存夠錢才結婚，但我真的不喜歡這個可能成為我婆婆的女人！

案例二 玉華的痛處

我們夫妻都上班，兩個孩子，老大四歲、老二兩歲，自幼兒期起白天都待在婆家，由婆婆和離婚的大姑幫忙照顧，先生每天接送，我則過年過節及偶爾週末會邀請他們及公公在餐廳用餐，一方面家人團聚，一方面感謝她們的辛勞。長期以來，大家相安無事。

我媽過世後，爸爸再婚，去了美國，已婚的姊姊家就是我的娘家，我和她走得很近，先生和姊的家人也走得近，我們互相尊重彼此的家人。先生體貼我身體底子弱，下班後幾乎都是他在照顧小孩，我只要煮晚餐即可，出門也都是他抱一個、牽一個。

今年年初二我想回姊姊家，但婆婆要大姑及我們一家四口跟她回台南娘家，我怕太遠旅途勞累，小孩也不適合長時間坐車，先生說是媽媽的意思，所以我勉強同行了。先生開車，我坐在副駕駛座打盹，婆婆及大姑一人看一個孩子坐

在後座。孩子睏了哭鬧，我說我來哄，大姑一面罵不乖、煩人，一面拿糖果哄，後來兩個孩子就都睡了。

到了目的地下了車，我想接手還在睡覺的老二，大姑硬要自己抱著，老大剛睡醒，呆若木雞還未回神，婆婆就一直叫他「等一下看到人要叫人，小孩子要有禮貌，奶奶在教你喔！」老大不想聽，轉身要我抱，我攬到懷中，婆婆就命令他下來自己走。我再也忍不住了，推說暈車想吐，衝往一旁的樹蔭大哭了一場。

過了好一會兒，先生得空過來安慰我，說別跟他媽媽計較，她說的話也沒錯，只是時間、地點、場合不對。我說我是孩子的母親，有自己教孩子的方法，不需要別人介入。

我不想跟她回娘家，幹嘛偏要我跟孩子一起來？先生不敢作聲。此後我再也沒跟婆婆及大姑說過話。母親節她們也沒打電話說要聚餐，先生買了一個小蛋糕，跟孩子在家裡替我慶祝。後來我問先生，為何不自己去幫婆婆慶祝母親節，他說怕我不高興。當我提到婆婆及大姑欠我一個道歉，他只說「親愛的，別這樣嘛，她們是我家人耶！」我真的無法釋懷，如今老大已上幼兒園，老二白天還在婆家，我真擔心她們教育孩子的方式！

血緣、姻緣，聚一個好緣

專家的意見

婆媳問題放著不處理，不僅自己尷尬，也難給孩子身教

　　自古以來婆媳問題從沒斷過，且百態紛呈，本來也許是成見或誤會，卻因個人想法不同和表達方式各異，一不小心就很容易點燃導火線，引起婆媳戰爭，最後不是小家庭與婆婆決裂，就是小夫妻離婚收場，其實這是很嚴重的，攸關離婚、家庭重組、子女教育等社會問題。這類問題本來是可以防範或補救的，化悲劇為喜劇，卻因婆婆食古不化，媳婦我行我素，而先生不是說不著邊際的安慰話，就是保持中立，三方面都聽其自然任關係惡化，也就沒有轉圜的餘地了。

　　〈案例一〉中，文音男友的母親剛開始必然對她抱著不信任的態度，且在慢慢觀察。而小兩口在家裡可能並不避嫌，有不少親熱表現，令母親不滿也不安。兩老必定是盼望獨子結婚前一直住在家中，婚後最好也能與父母同住，雖然他們也明白年輕人喜歡自己另組小家庭，但兒子與文音交往兩年後就搬出去同居，這可能是他母親最無法接受的事。

　　與男友母親私底下不友善的對話令文音不愉快，而她也不甘示弱，但至少男友的母親還沉得住氣，表面上還是客客氣氣的，文音卻完全自男友家裡撤出，再也不踏進一步，心中一直責怪男友母親不喜歡她、不接受她。好在兒子還算孝

順，經常回家探望父母，他既說不動文音同行也就放棄了，隨她高興，從未想要當和事佬；其實，兩個女人的戰爭在婚前化解要比婚後調停容易些，畢竟還沒進門，仍有些距離。而文音僅因男友的母親不喜歡她就與之對立，明知兩人有結婚計劃，遲早要叫婆婆的，卻把自己當成外人，以後結婚生子還是得帶孩子去見爺爺奶奶，放著問題不處理，不僅自己尷尬，也難給孩子身教。

〈案例二〉中，玉華的脾氣倔，平日白天孩子在婆家由婆婆和大姑照顧，她們怎麼帶小孩玉華沒看到都沒事，就在由北到南幾個小時的車程中，她不同意婆婆和大姑對待孩子的方式，也覺得身為孩子的母親沒有被尊重，何況她認為自己和孩子是被迫參與這趟旅程，心中怒氣難消，又不能對人爆發，只好到樹林中大哭發洩。

儘管先生心疼她安慰她，並答應她以後不用一起回台南，她也下了決心宣示主權，除了白天要上班不得已，以後晚上和週末自己一定跟孩子在一起，不要參雜其他的照顧者，還要先生去傳達她的心聲，要婆婆道歉，大姑代表也可以。先生當然沒這麼做，此後婆婆和大姑就成為夫妻兩人間的敏感話題，不提都沒事，先生也就噤若寒蟬了。

本來就是一家人，不愉快的事情過去就算了！

兩代人的教育觀不同，奶奶和媽媽照顧孩子的方法也不

一樣，自己既然無法事事躬親，只好心甘情願把孩子交到婆婆及大姑手中，孩子的成長及安全她二人功不可沒，玉華僅以數小時相處的「眼見為憑」，就裁斷婆婆與大姑不適任，也不尊重她，真的對兩人很不公平。至於要婆婆道歉，其實也是氣話，只是她的怨氣太多、也太久了，通常長輩很少向小輩道歉的，且婆婆根本就不知道出了什麼問題，可能覺得媳婦脾氣不好愛耍性子，怎麼可能出面道歉呢？

玉華結婚沒幾年，孩子也還小，但孩子終歸要長大去上學，以後就不需要安置在婆家，難道就斷絕往來了嗎？小家庭固然是美滿，但大家庭的和樂對孩子的家庭觀及家庭人際關係的學習也是很重要的。先生對於婆媳誤會的鴕鳥心態，消極無為，極易造成夫妻關係的不平衡，潛在的婚姻危機會隨隙而生，最重要的是已經傷了公婆的心。

文音和玉華都不是衝動型的人，在長輩面前未有不敬的言行，但怨氣在心中堆積，自己不痛快，且不知消極侵略行為的處理方式是無助解決問題的。文音應本著「己所不欲，勿施於人」的原則，表現出希望男友母親對待她的方式，成熟而尊重，不可抱著勉強的心情跟男友回去，而是誠心誠意盡量讓男友的父母看到他二人是真心相愛，她要表現出對男友家人的關心，一定要有耐心持續一段時間，才能慢慢減輕男友母親的敵意。說話要有技巧，讓她逐漸瞭解不會因此失

去兒子，反而會多出一個媳婦。

文音可以主動與男友溝通，表示想要改變與他母親的關係，很需要他的支持，希望他在公開或私下，都能傳遞文音想要多瞭解且多與他母親互動的訊息，也就是當兩代女人之間的潤滑劑，男友必定喜出望外，積極配合。

玉華有自己的問題，除非她想通了，有自覺了，只是目前還很難破冰，也許孩子童言童語表達出對奶奶及姑姑的愛能軟化她，而先生則更需要有自覺及勇氣，不要因太害怕妻子生氣而什麼都不說，這樣反而助長她停留在負面情緒主導的心態中。他可以動之以情勸之以理，感恩玉華給了他一個幸福的家，也感恩母親及大姊一直幫忙照顧孩子，自己願意以感恩的心帶領玉華以事事感恩的目標過日子。他可以主張誰也不必向誰道歉，本來就是一家人，不愉快的事情過去就算了，兩代父母一起來愛孩子。他若能一反安靜常態，說得振振有詞，婆婆及玉華必會驚訝於他的改變，感動之餘雙方都放軟身段，再趁機要玉華帶著孩子去向婆婆請安，化解冷戰。

婆媳一向各有立場，如果能站在對方的立場設想，就能瞭解彼此的想法與情緒，且兩個人都應該替自己所愛的人設想。理想上當然是婆婆能視媳婦為女兒或至少是半個女兒，媳婦也要愛屋及烏，視婆婆為母親，但現實生活中的人際互動既微妙又複雜，就看各人如何修行了。

❷ 我的男友不想婚！

> 男女戀人最怕的就是一個想婚一個不想，關係就會產生衝突。當出現這種問題，不妨從結婚的框框中跳脫，主導並繼續發展原有戀情或另尋感情歸宿。

案例一 ▶ 茉莉的心事

男友就讀醫學院，功課壓力大，在學校的時間長。我是社會新鮮人，下了班就沒事，好想看到他。但他能陪我的時間實在太少，好在我們住得很近，我只好盡量替他做家事，如洗衣打掃、上超市採買，甚至買晚餐給他吃，他才能省下時間陪我。我們很少做愛，他說沒心思想這件事，但我看過他讀書讀累了上色情網站瀏覽。

他對我不錯，也常提未來要與我結婚共組家庭，可是他在同學朋友面前從不介紹我是他女友，事實上我參與的次數也不多。我喜歡和他單獨相處，他們不知道我們是玩真的，總以為我是他的「哥兒們」。說實話，兩年多來我其實有點累了，我知道他每天時間有限，但留給我的都是他精疲力竭之時，請問我是在浪費時間還是要求太多？

案例二　佳妍的心事

　　我今年31歲，從事專業工作，收入不錯，與電腦新貴A男認識五年，同居三年，還養了一隻狗，一切生活費用平均分擔，感情融洽生活開心，只是婚姻遙遙無期。他知道我想生小孩，也說過要結婚，但我不知道他在等什麼。逛街時我曾指出我喜歡的戒指樣式，他卻無動於衷，朋友們都要我催他，我只想耐心等他身心都準備好。

　　雖然現在很像在過夫妻生活，但我要的是一個家庭，生兩個小孩。我希望他向我求婚是因為他真的愛我，想與我共度一輩子，而非同居久了基於責任心才娶我。在一起這麼久，難道他還不知道我們適不適合結婚嗎？我可不想一直這樣扮演沒有名份的「妻子」！

專家的意見

缺乏溝通為感情埋下危機的種子

　　〈案例一〉中，茉莉的男友的確很忙，要讀書、交友、還要上網瀏覽色情網站，身邊有茉莉這樣殷勤服侍、照顧他的女友，真是幸運又幸福。倒是辛苦了茉莉，每天下班後要順著男友的時間行事，填進他的空檔時間，事事以他為重，

在他朋友面前還不能以穩定交往的女友身份出現，雖然與男友「相處」佔掉她很多時間，實際上的互動卻非常少，兩年來沒什麼進展，她已經逐漸覺得不滿足了。

男友並非故意以此為餌，經常將結婚掛在嘴邊，男大當婚，茉莉也並非不恰當人選，但他還是一個學生，尚要經過實習、畢業及就業的階段，仍要專注忙碌於他的專業，現在提婚姻其實是不切實際。只是茉莉卻聽信他所言，認定兩人有未來，結婚已成交往的終極目標，這是未經承諾且毫無把握之事。若想要預測兩人是否真的合適，有未來展望，茉莉倒是要多密切注意他所做的，他的行為會反映出他的人格及脾氣，茉莉可自他的行為模式去觀察及體驗此人是否適合長遠交往。

心心相印的情侶們通常會以各種方式來珍視及疼愛身邊的伴侶，即使精疲力竭之時也會事事想到對方，看到對方就很開心、很放鬆、很自在。茉莉在兩人關係中付出很多，男友有坐享其成之嫌，就算在婚姻中夫妻也該家務分工，互相照顧幫忙，因此茉莉真的不需要再幫他做家事了，時間久了他會認為理所當然，變成懶得做家事了，茉莉沒做或沒做好的，說不定還惹他不高興呢，這對男女雙方都沒好處。其實交女友與功課忙並不衝突，重要的是要用心及善用時間，她應試著與男友溝通討論，倘若男友能接納茉莉的感受，聆聽

她的建議，則兩人還有希望繼續走下去。

〈案例二〉中，佳妍對婚姻很渴望也很期待，融洽的同居生活已令她勾繪出婚姻的藍圖，一心想要嫁給男友。但明明兩人收入不錯、感情恩愛，男友卻不提婚事，佳妍開始擔心男友遲遲未求婚是因為還在考慮兩人進入結婚的合適性。既是擔心就會猜測，似乎各有想法，這就表示兩人都安於同居生活，越來越覺得理所當然，每天生活正常運作，兩人談心論未來的交流卻越來越少。男友竟完全不知道伴侶心中的熱切期望，佳妍也不了解他對婚姻的打算，究竟是不想結婚呢？還是有所顧慮，亦或有其他原因？缺乏溝通已經為他倆埋下感情危機的種子了。

隨著年齡增長及同居時間增加，同居生活已經不能滿足佳妍了，同居進而結婚的觀念已成想望，當一個人的想望未獲回應或未能實現就會有挫折感，又加上她的朋友也認為都同居三年了當然要結婚，使她的情緒因此在內心波動，嘴上說是耐心等待，其實是礙於顏面不肯先提，且不想逼他，心中已對男友有怨氣，自己的情緒也受到影響，產生焦慮感，如果再拖下去，負面情緒會越來越多，對自己的心情及健康都不好，對兩人關係也不利。

佳妍既滿意於兩人共同生活的品質，又有結婚的短程及中程規劃，就該朝著目標去努力，這是她自己的生活，她若

血緣、姻緣，聚一個好緣

覺得男友可以共度餘生，也通過同居生活的試驗，當然要自己去爭取，何況親密枕邊人有什麼不可談的？也就是說，她不要再被動的等待了，當然也不要催促，不妨主動邀男友懇談，坦誠告知自己的結婚需求與所期待的時間，彼此多幾次深入討論，以形成共識。倘若男友不能同心與她朝著結婚的目標前進，他必會給出理由或藉口，如果都是佳妍所不能接受的，那她就得有心理準備，這份感情關係頂多維持現狀，將不會進展至婚姻。

現代社會的戀愛觀不再是「從一而終」

兩個案例中的當事人年紀有差、生活背景不同、男友的職業亦不同，但他們都依戀於眼下的感情關係中，男友在關係互動中都表示將來要結婚，愛情至上憧憬婚姻的女人就會死心塌地待在這樣的關係中，但當她們發現付出沒有得到適當的回應時，心中的不滿會逐漸上升，讓情緒不斷發酵，於是開始質疑這份關係的價值與展望。

茉莉剛進入社會就業，以為有一份工作就有保障，「下了班就沒事」，全心放在男友身上，從沒想自己可利用閒暇時間多進修或擴展人脈，規劃職場生涯讓自己成長，只希望盡量與男友相處相愛，進而走進結婚殿堂。她的想法很傳統，做法也限制了自己的發展，而男友有點大男人作風，未

來他的生活空間會越來越遼闊，現在就讓女友扮演「愛家」的女人，以後當了醫生，接觸的人越來越多，眼界開闊了，他還能安於這個乖乖牌家庭主婦型的女友嗎？

現代人晚婚，適婚年齡在三十上下，何況兩人都還很年輕，茉莉以為談戀愛就一定要結婚，而男友只是在觀念上這麼認為，他知道自己要結婚還早，未來的新娘也不知道是誰。他當然也不是在利用茉莉，本來也是兩廂情願，只是他太沒替茉莉著想，自「交換理論」的觀點來看，確實是不平衡，茉莉因此才會感到心累了。

佳妍是個條件非常好的熟女，男友條件與之匹配，本為佳偶，同居生活的品質亦不錯，且已達適婚年齡，理應開花結果走進禮堂，但佳妍明示暗示都未得到回應，越來越不能安於現狀，又不想逼婚，所以抱著「我就等著看你什麼時候提」的心態，自己跟自己過不去，也開始胡思亂想，可憐男友卻不知她已怨成這樣。

到底男友是木頭人還是有意避婚，例如還在遲疑結婚對象，或者是害怕婚姻不想生小孩，或有其他原因，這都要佳妍自己去與他溝通，找出答案，彼此誠實以對，她才能選擇自己要走的路。當然也有伴侶同居一輩子的例子，那是因為雙方有共識，不在乎那一紙結婚證書，只重實質，但有婚姻才有家庭，生養的孩子才有保障。

男女戀人最怕的就是一個想婚一個不想，關係就會因此產生衝突。結婚是人生大事，選擇對象要慎重，但也不必認定此人是結婚對象才與他/她談戀愛，談了戀愛的情侶也可能不適合結婚。現代社會的戀愛觀不再是「從一而終」，並非一次美好的戀愛就必須導致婚姻，因此茉莉與佳妍大可從結婚的框框中跳脫來，主導並繼續發展原有戀情，或另尋感情歸宿。

③ 離婚後，
我倆還要當朋友嗎？

許多女性在婚姻中不快樂，既然走出來了就要過不一樣的生活，與其與不合適的人一起過，還不如單身過自己的日子，一樣可以很幸福！

案例一 玉蓉的告白

離婚四年，兩個孩子住在我中壢娘家，我住在台北公司宿舍，週末才回娘家和孩子相聚。父母很喜歡我前夫，認為我不應該因他出軌就離婚，他們當然不瞭解我們之間十年的恩怨，更不知道前夫的輕浮。我已不跟前夫說話，他要探視孩子就發訊息給我，通常都在週末，父母都會留他吃晚飯，回家一看到他我就忍不住火冒三丈。

爸媽認為孩子需要父親，且他們認為與前女婿還有情分，三個大人處得很熱絡，居然還有話聊。我請前夫帶小孩出去玩，別待在我娘家，爸媽說我不近人情，所以我現在都在宿舍多住一晚，星期六晚上等前夫走了才回娘家。我這樣做真的是不近人情嗎？

案例二 ▶ 慧慈的心聲

因家暴離開夫家，保護令取消已快兩年了，目前因小孩與爸爸互動還不錯，為了孩子好，很想回夫家，但以前因婆媳及大小姑問題，加上雙方親家不和才導致家暴問題，也因家暴報警惹得夫家不高興，全怪罪到我身上。丈夫很孝順，就是不肯搬出來，現在都是我回婆家看孩子，還得看他們家人的臉色，很累。

問過先生可否回去，他要我先別回家，怕又有問題，但拖了好久，他也沒離婚意願，主動提離婚似乎對我不利，加上我憂鬱症復發，正在治療中。我的情緒問題因探望小孩開心而緩解，也開始接觸宗教，甚至做些零工賺取生活費，因先生給的生活費不多。回到娘家住，除了爸爸沒人支持，我感覺好無助，人生無趣！

專家的意見

做不成夫妻還能做朋友，給孩子心靈上的完整感

以上兩個案例都是婚姻受害者的告白，走出婚姻，不再與那個不會體貼不知珍惜的男人生活，婚姻中的問題看似不再存在，新的煩惱卻又出現。原本是要過新生活，卻被新問

題攪得越不安、焦慮，甚至鑽牛角尖。負面情緒積得太滿，快要不能負荷了，乃萌生求助婚姻諮商之心。

以玉蓉的狀況而言，也許旁觀者會覺得她小題大作，既已離婚，就無夫妻之情，前夫探視孩子也是應該的，她何必因躲避前夫而犧牲自己與孩子相處的時間呢？只是玉蓉的確在婚姻中受了很多委屈，受盡煎熬終於離婚，決心將前夫徹底趕出生活，試圖忘卻過去的不愉快，開始新生活，因此她一千萬個不想見到前夫，以免勾起傷痛，這是可以理解的。

玉蓉很努力在過新生活及修復自己的心情，只是成人子女的婚姻解組對娘家及婆家來說也都是不容易的，先前建立好的親情、友情要重新調整。雖然原生家庭通常都會主觀地衛護自己的子女，對他們離異的伴侶沒給好臉色或有敵意，但也有像玉蓉父母這樣的人，疼愛孫子也尊重前女婿，也許他們具有傳統觀念，「男人出軌是可以原諒的，只要他把家裡顧好就好」，所以他們希望能維持成人友誼，並協助促進父子親情；孩子的爸可能因前岳父母的接納、善待及溫暖對待，也願意維持良好互動。

孩子養在娘家，前夫與孩子及娘家父母相處愉快，玉蓉應該覺得欣慰，何況前夫並未糾纏或騷擾她，他真的是去探望小孩、問候前岳父母，因此玉蓉可以用正向思考來接納此事，理想而言，離婚夫妻若能一起與孩子相聚，也是一種典

範，夫妻做不成還能做朋友，能給孩子心靈上的完整感，但現實生活中，人有太多的情緒，很難做到此境界。

因此，玉蓉在同意前夫週末探視孩子時不要出現即可，她週五留在宿舍晚一天回娘家的決定，對她離婚後的心理調適暫時是有益的。晚一天回去看孩子，固然少了一些與孩子相處的時間，但她心理壓力減低，心裡會舒服些，而且讓父子單獨相處，他們也會自在些。

離婚四年，玉蓉離婚後的調適並不良好。一般而言，兩年是調適期，她拖到現在才求助諮商，為時並未晚，只是她讓自己忍受太久了。離婚後調適的最高境界是原諒、寬恕、觸景不生情，及因孩子福祉而成為淡如水的君子之交，這當然需要時間、認知完整及領悟，玉蓉可以一步一步地走向心理健康，順暢人生。

玉蓉與娘家的關係密不可分，所以她必須與父母溝通，表示尊重他們與前女婿的情誼，只要他是真心對待兩老，但也請父母尊重女兒的感覺及決定，不要再說她小心眼不近人情，以防孩子聽到會產生誤解，也請他們認清事實，兩人是絕無可能復合了。

藉由諮商排解情緒、產生自信，重新找出生活的意義

再看慧慈的案例。她的情況是歷經家暴，沒有婆家支持

與關心，又因保護自己而報警，得不到婆家人諒解，且丈夫向著婆家，心不在她身上，她當時能做的就是離開先生與小孩，走出婚姻，取得保護令，暫時獲得人身安全與自由。但小孩不在身邊，娘家人又只有父親支持，心中苦悶可想而知，孤單無依又思念孩子，加上沒經濟基礎，日子難過，情緒無處宣洩而得了憂鬱症，非常值得同情。

但慧慈很勇敢，一直掙扎著想要走出過往的不幸。她接受治療按時吃藥，想要以好模樣去見小孩，看到小孩讓她心情變好，也因尋求信仰而自心中產生力量，還打零工賺錢，其實她已經走出第一步，開始新的人生了。只是她還籠罩在悲傷的情緒中且缺乏自信，非常需要有人拉她一把，這時，諮商師就可以幫助她排解情緒，產生自信與力量，重新找出生活的意義。

即使保護令已取消，當年的家暴必定是事實且很嚴重，雖然時間會沖淡痛苦也能療傷，但看慧慈先生的言行，他家人仍不肯接納她回去，他也無意願。先生跟他家人本來就是一國的，明知慧慈想家是為了孩子好，也不願意再接納她，他們大概認為讓慧慈回去看孩子就已經是大恩惠了。

夫妻倆目前只因孩子而有些微互動，先生雖沒有怒言相對拳腳相向，但也不想和慧慈重修夫妻之情，更未自母親的天性及孩子的福祉來設想，這種丈夫及這樣的婆家，慧慈再

回去也不會有好日子過，還有可能自取其辱，但慧慈就因為太想念孩子而無法看到整個大局。

其實慧慈可以不要過得這麼愁雲慘霧，越思念就越心酸。她應該往好處想，她還可以見到孩子，他們當然會認媽媽、渴望見媽媽，婚姻雖有名無實，但她永遠是孩子的母親。慧慈現在其實已經苦盡甘來，孩子在婆家受到好的照顧，她若硬要回去，沒幾年孩子長大有自己的生活，到時她再想要走出婚姻，可能連孩子都不會諒解了。

沒有先生的經濟支援就只有靠自己，好在先生還會給微薄的生活費，慧慈不妨自己先站穩腳跟，從打零工到全職工作慢慢來，也能尋求社會支援與資源，等到情緒穩定、生活平靜、經濟也能完全獨立時，她就會變成另一個成熟有自信的人，那時就有能力及判斷力來決定要不要離婚，而她的諮商歷程正可以幫助她轉換心情早日成長。

學習正向思考，化負面情緒為正面情感

從正向心理學的觀點來看，玉蓉及慧慈都可以學習正向思考，化負面情緒為正面情感，有三點原則可循：

1.要明白、接納和面對自己的負面情緒。如玉蓉的焦慮、嫌惡、不平，慧慈的傷心、難過及憂鬱，想辦法去處理，不要責怪自己，也不要記恨他人。

2.**想一想、變一變**。反思自己「自我挫敗」的話語是否常掛在嘴邊，如「我真倒楣又碰上前夫了」、「這個人害我半生還不夠？」或者「孩子好可憐，沒有媽媽！」、「沒有人喜歡我、關心我」等，要嘗試去改變那些不合理的想法，多對自己說些進取的話，自我激勵！

3.**學習欣賞自己**。平日多留意及發揮自己的長處，藉以建立自信心去面對問題。

每個人都有煩惱，婚姻的問題最煩人，因為是人際問題、家庭關係，許多女性在婚姻中不快樂，既然走出來了就要過不一樣的生活，與其與不合適的男人一起過，還不如單身過自己的日子，一樣可以幸福開心，這都在一念之間，化煩惱為考驗，走過困難而成長！

④ 子女的「不對稱」戀情，父母該怎麼接受！

> 子女成年後本就得自家庭分化出來，父母即使不捨、不願或不滿，也只能學習在成人親子關係中溝通、接納及妥協，才能健康地連結兩代關係，也維持自己的身心健康。

案例一 ▶ 父親的憤怒

我們是醫生世家，對獨生女的期望很高。小玫說她對學醫沒興趣，想讀音樂。我說音樂可以隨時學，只要她肯進醫學院，我會請名師教她鋼琴及聲樂，她才勉強答應，結果考上了某大學護理系，連續兩個暑假我都送她去日本受短期音樂訓練。

小玫已大四，上個月囁囁嚅嚅說要帶男友來見我，我就問是否是同校醫學系學生，她居然搖頭，追問之下才說是警專畢業，目前任職消防隊。我簡直不能相信我的耳朵，這樣的人敢跟我女兒交往。小玫居然瞞了我們一年，且已深交，盛怒之下，我要求她立刻與這個吳某斷絕來往，她抱著我的

臂膀哭求我們見她男友一面，要我們給他一個機會。

雖說「女大不中留」，但我非要把她留下不可。這個吳某二十六歲，但已在社會混了幾年，要誘騙仍是學生的小玟還不容易。我根本不需要與這個人渣見面，小玟自小聽話，我們家規亦嚴，再三曉以大義後，她雖終日以淚洗面，但已經答應不再與吳某來往，且當著我的面把吳某的社群軟體聯絡人全刪掉了。我只希望小玟能順利完成實習，畢業後送她去美國深造，再替她找一個合適的年輕醫師完婚，但我心中仍有隱憂，不知道他們會不會死灰復燃？

案例二 ▶ 母親的不滿

兒子個性安靜，是思考型的，非常細心，經常幫我做家事，也疼妹妹，原本希望他讀理工科，他卻選了中文系，並修教育學程，畢業後自願去偏鄉教書兩年，雖不捨，但孩子大了，只好隨他去。沒想到他居然愛上一位理髮小姐，且已經同居半年了。要不是我想給他一個驚喜，帶著一大堆好菜跟粽子去找他，我可能要到他結婚那一天才知道吧！我和妹妹都嚇壞了，他倆已親密如夫妻。

這個如貞出身農家，不喜歡念書，高中畢業就學髮藝，今年二十四歲，據說是髮廊頭牌，立志要開一家自己的美容院，兒子覺得她雖受教育不高卻很有志氣，且工作努力，兩

人情投意合乃決定住在一起，既能節省開銷又可多瞭解彼此。兒子說兩人共同點很多，也都喜歡小孩，常請班上學生到住處玩。

兒子說女友的好，我一點也沒感覺到，就是個理髮小姐，想終生幹這一行，還想就此綁住我兒子，一輩子在這地方當老師？男大不中留，這麼大的事居然瞞了我這麼久，為了女友連家都不管不顧了，我真是白疼他，還以為他多貼心多孝順，我絕不能接受這個女人，但又不能和兒子不往來，該如何是好呢？

專家的意見

孩子偏離父母的期待，怎不令人焦慮、生氣、擔心？

看了以上兩個真實案例，有一半的父母可能不以為然，孩子長大了，他要讀他有興趣的科系，或是自己找戀愛對象，又豈是父母限制得了的，讀者必然會覺得這兩個家長是在給自己找麻煩，且所做所為就是在傷害親子關係；但有另一半的父母可能覺得心有戚戚焉。

父母辛苦大半輩子就是為了栽培孩子，希望他們以後能成為有用的人，能在社會有一席之地，且過得幸福快樂，如今孩子卻是偏離父母的期待，怎不令人焦慮、生氣、擔心？

　　的確，每個家庭對子女都有不同的期待，〈案例一〉的醫生世家就很明顯，家裡只能有醫學相關科系畢業的成員，但〈案例二〉的家庭在這方面就較不明顯，只希望兒子能找一個條件相當的對象！許多父母總希望孩子活在自己的期望中，即使子女有歧見，也是經過爭吵、溝通後有一方妥協，子女也都背負著父母的期望與栽培，不敢做得太過份，儘量在可接受的範圍內生活長大。

　　但談戀愛的對象就很難說了，連他們自己都無法預期會碰到什麼樣的人，這不是他們能控制的。小玟可能對於消防隊員感到好奇，展開對話，談得愉快，一回生兩回熟，慢慢就變成朋友，也不知什麼時候開始，彼此就產生情愫了。小玟必然警覺到這與父母長年的期望有違，但天高皇帝遠，先順著自己的心再說，也就這樣瞞了一年，直到非得面對父母之時。

　　〈案例二〉的兒子也是一樣，因為經常去理髮，可能是那女孩言行友善，長相也正好是他的菜，由不經意的對話發展成友誼，再加上身在異鄉，有人陪伴覺得很開心，自然而然就成為情侶。他也知道雙方背景及學歷有差異，但在這樣的環境，有這樣的女友，並不會被人指點或反對，年輕人感情急速加溫，迫不及待就同居了。只是沒想到被老媽逮個正著，感覺好像做錯事被抓包，可自己又覺得沒做錯事啊！

違背父母的意願或瞞著父母就是不乖的小孩，這是每個子女內化父母教誨所產生的罪惡感。小玟就是因為有嚴重的罪惡感而屈服於嚴厲的父親，內心當然是不甘心，但她選擇做乖小孩，而偏鄉老師是有思想有主見且獨立的年輕人，他勢必要為了戀情與母親展開長期抗爭，才可能使母親妥協。

　　父母除了因「門不當戶不對」反對外，還擔心萬一生米煮成熟飯，必須補票時就慘了。現代年輕人一有了感情很快就進入親密關係，甚至同居、未婚生子。孩子戀愛的對象已非自己期待，出雙入對儼然小夫妻，怎不令父母臉上無光，在外人面前還得裝沒事，真是情何以堪。

　　天下父母心，父母盼著的就是兒女的幸福，子女卻不懂得珍惜父母的愛，有些父母無法忍受，就嚴厲地逼其就範，也有父母被傷透心，絕望放棄，不再過問，卻自苦於心，不願正視。當然也有父母被迫接受事實，心不甘情不願地接納，圖的是不想失去子女及家和萬事興，卻是苦往肚裡吞。

父母與子女鬧翻其實是兩敗俱傷

　　其實父母的反應不必太過激烈，更不需責罵孩子不聽話或施行苦肉計，也不要對子女的對象加以批評或拒絕，讓阻力變成助力，促成他們在一起的決心。家長們若碰到這種情形，該怎麼處理才恰當呢？

1.父母必會有情緒反應，應先紓解自己的負面情緒，才能冷靜面對。

2.即便有再多不滿，也不要對著子女批評他們的伴侶。

3.父母可視此「外人」為子女的任何一位同學或朋友，與之中性互動，不必假裝喜歡，也不用結仇。

4.暫時接納子女的戀情，傾聽他們的說辭及分享戀情，不予置評，嘗試打開親子溝通的管道。

5.以中性口吻忠告小倆口多認識對方，觀察彼此的相容性與不相容性，以求磨合。

6.不提分手或結婚，讓他們自然發展，也就是給子女留一個求助的退路。

7.鼓勵小情侶各自努力工作發展專業，不論他們以後會不會在一起，至少關係的發展是有建設性的，讓他們感知長輩的善意，防衛之心便能減少。

8.最重要的是父母的態度要保持樂觀，子女畢竟還年輕，他們現在談「不對稱」的戀愛，不見得以後就會在一起，父母與子女鬧翻其實是兩敗俱傷，不論這段戀情是否合適，年輕人都會在自己的感情關係中學到教訓而成長。

倘若他們的戀情持續，通過時間及家庭的考驗，即將開花結果，父母應該也會被感動，這兩個人在異中求同，為自己也為對方努力，殺出感情的活路，那就是真愛。

子女成年後本就得自原生家庭分化出來，談戀愛也是分化的歷程之一，父母即使不捨、不願或不滿，也只能學習在成人親子關係中溝通、接納及妥協，才能健康地連結兩代關係，強化親情，也維持自己的身心健康。

⑤ 關於「誰做飯」這件事

> 廚房其實是很好培養家人感情的地方，喜歡做菜的一方必有成就感，另一方也樂得享受家人的廚藝；不管夫妻或家人，在廚房能聊的話題很多，感覺也能較親近。

不論是為吃而活，或為活而吃，吃飯是民生大事，在每日的婚姻生活中尤其不能避免，然而這等大事，在婚姻中卻是可大可小。自古以來有錢人家自有僕人備膳，一般人家多由媳婦主中饋，傳統家庭則是媽媽忙著燒菜煮飯，做上一桌菜，等先生孩子回家，一家和樂融融享用晚餐。

只可惜這幅畫面如今已不多見，現代家庭大都只有一兩個小孩，母親仍有傳統觀念且疼愛子女，即使是雙生涯家庭，也儘量攬起家事，只要孩子聽話好好唸書，茶來伸手飯來張口，媽媽是毫無怨言的，因此不論男孩女孩，自小就十指不沾陽春水，長大獨立後經常外食，直到結婚才開始學習煮飯做菜，週末還一定回家吃老媽做的飯菜，臨走還打包帶一些回去。

台灣的小吃攤、飯館及大餐廳在大街小巷隨處可見，單

身也罷，全家人也好，要吃飽肚子真是方便，便利商店及超市亦有微波食品，買回家簡單操作即可食用。只是長年外食，暫且不說衛生條件，吃多了真的會膩，最重要的還是營養不均衡，多油、多鹽、少綠色蔬菜，長遠而言，對健康很不利。

婆婆廚藝佳，媳婦如受魔鬼訓練

家維與貞伶談戀愛時經常在外用餐，家維媽媽極不悅。她是傳統妻子，燒得一手美味江浙菜，最得意的是丈夫、兒子從不到外面的江浙餐廳用餐，因為大廚的手藝沒有媽媽好，新媳婦進門的第二天，就帶她上菜場買菜，急於傳授一身本事。

無奈貞伶自小被媽媽寵，廚房大小事一竅不通，笨手笨腳，對洗菜切肉的事深以為苦，還經常切到指甲或被油濺到。婆婆不懂怎麼會有如此笨拙的女人，而貞伶則覺得婆婆像是在做魔鬼訓練，殊不知，她根本沒興趣做菜，新婚的丈夫雖安慰她，卻與母親站在同一陣線。貞伶只好天天藉口加班，自己在外吃過晚餐才回家，丈夫知她撒謊未揭穿，婆婆則是沉著老臉相向。

家維試著與妻子溝通在家煮食的重要性及意義，貞伶就是不肯學廚藝，她說不是婆婆繼續做飯就是她買現成的飯菜

回家，夫妻對此有歧見，於是日漸疏離，這當然也不見容於婆婆。就在結婚滿一年後，貞伶受不了婆家的氣氛，主動要求離婚，家維也沒挽留。

夫唱婦隨，感情自然升溫

琪琪婚前也沒進過廚房，母親的好手藝加上工作需要，她應酬極多，吃盡美食。下班後即使一個人，也會去餐廳大啖一番。三十八歲才認識大豐，是個經常開畫展的畫家，喜歡自己動手做美食。琪琪好奇且耐心地看著大豐做菜時的火候及翻炒動作，看著他洋洋得意的表情，覺得很開心。

結婚後琪琪開始拜丈夫為師學做菜，第一次完成複雜費時的炸醬，她送了一盒回娘家給爸媽嚐嚐，還說了一個笑話給他們娛樂一下。原來先生有一次要她下班順道買白豆乾回來，她捨近求遠，沒去隔壁的廉價超市，卻跑去百貨公司樓下高檔超市買，回家拿給先生，他一看臉都綠了，他說這是日本進口的嫩豆腐皮，煮湯或燙過就可食，不是台灣的白豆乾，且價錢差了好幾倍。

先生不是嘲笑或責罵她，而是教她。琪琪覺得很不好意思，自嘲自己的無知，但願意更努力學習，夫唱婦隨，夫妻同心，互動良好，感情自然升溫。

男性主中饋的案例越來越多

婚齡較長的夫妻，互動已經有了默契，每個家庭各有一套晚餐模式，男性主中饋的案例也越來越多，觀察了幾對夫妻，相當有趣。

志豪夫婦是音樂界的神仙伴侶，志豪除了忙於教學及演出，還酷愛美食，因此除非出差或有應酬，每天必親自採買操辦晚餐，動作快、菜色有變化，且色香味俱全，他不放蔥薑蒜，不加亂七八糟的醬料，自然原味，好吃又健康；太太負責洗菜切菜及清洗鍋鏟碗盤、倒垃圾廚餘等，合作無間，女兒自小看著父母親的互動，對廚藝及清潔善後有概念，也會主動幫忙。

國雄自小看著媽媽做菜長大，愛美食的他經常在廚房繞著媽媽打轉，耳濡目染就學會了做菜，長大後在餐廳用餐，回家後如法炮製，廚藝果然不輸給餐廳大廚。愛吃又愛煮，經常找朋友來家分享，妻子正好也很好客，她喜歡研究糕餅點心，做得一手好麵點，他們的人緣與體重節節高升，人前人後的良性互動，即使有不孕的遺憾，夫妻感情仍然親密。

小愛夫妻各為公司主管，經常加班，週末時她自願擔任傳統煮婦，為的是讓先生多休息，順便做全家四人週一的午餐便當，一星期才帶一次便當，家中每個人都很喜歡。

娘家就在附近，孩子們下課先去外婆家做功課，外婆星

期一到星期五要煮六人份的晚餐，兩老與孩子們先吃，小愛與先生下班後也先後回來吃，小愛幫媽媽把廚房整理乾淨後再回家，所以他們每星期六晚上一定帶娘家父母到餐館享用美食，表達感謝並共享天倫。

曉蕾是職業女性，先生是銷售員，全省走透透，常不在家，母親已過世，父親獨居，每天早上去住家附近公園運動、看報紙、吃午餐，午覺過後就到女兒住家旁的黃昏市場買菜，再到曉蕾家中烹煮，等孫子及女兒回來一起吃晚飯，連次日的便當菜也做好了。曉蕾覺得好幸福，丈夫驚訝於丈人的好手藝，也感謝他的疼愛。

父母對子女的愛是無所不在的，煮了一輩子飯還要照顧已婚子女的兩餐，真難為他們了。

斐虹進大學後就吃素，婚前先生就表明各吃各的，不讓吃飯成為兩人的衝突。她平常會做點葷食給先生吃，或從燒臘店、自助餐店買些雞腿或肉排回家，週末回婆家她就吃鍋邊素，反正不吃肉就是了，婆家人起先覺得她很怪，看著他們夫妻互動自然，慢慢地也就習慣了。

有了小孩後，白天託婆婆及大姑帶，先生下班就去母親家吃飯，順便接小孩，斐虹自己在家吃，幾年下來都相安無事，主要是先生尊重她、挺她，加上他自己本來就眷戀母親做的菜，回家吃更開心，且婆家人也明理，投兒子所好，何

況他們巴不得小孩待在婆家，又不用去張羅媳婦的素食，因各有所好也就各取所需，小家庭與原生家庭關係良好，夫妻感情亦佳。

婚姻生活中的大小事不應分性別

不是每一對夫妻都有婆家或娘家人相助，傳統夫妻角色在現代小家庭已不適用，新好男人、新好女人的口號亦已過時，婚姻生活中的大小事不應分性別。「女主外、男主內」的現象不是沒有，「男主外、女主內」的也還不少，或者夫妻平分家務，但也有輪流承擔家務的，包括做飯這件事，夫妻之間重要的是要有共識且心甘情願，誰做哪些事都可以，是雙方的協議，而不是刻板性別角色的工作分配。

以前的御廚或大戶人家的主廚都是男性，現代餐廳的大廚也多是男性，那是「男主外」的職業，女性只適合在家裡掌廚或開小吃店，但現在女性拿國內外廚師證照者大有人在，也可以「女主外」。在家裡，誰先下班、誰有時間、誰願意下廚，其實婚前就可以先討論，即使當時有歧見也沒關係，至少先知道彼此的態度及生活觀，婚後再慢慢溝通磨合。

家中廚房其實比臥室更能培養感情，喜歡做菜的一方必有成就感，做其他家事的另一方也樂得享受家人的手藝，從旁協助，或負責餐畢善後等，夫妻及家人在廚房聊的話題較

多，感覺也會較親近。

　　煮飯做菜說起來很簡單很例行化，其實從買菜、想菜式、洗切，到下鍋、上菜，是一套複雜的過程，這是一種生活技能及生活樂趣，也可以發展成生活藝術。父母一方或雙方經常大顯身手，成為子女的好榜樣，也能成為他們長大後的舌尖回憶。因此不論年輕夫妻或老夫老妻，都可以重新看待做飯這件事，在生活中做些改變，給婚姻注入活力與樂趣。

血緣、姻緣，聚一個好緣

⑥ 我就是不要離婚！

離婚當然是不得已的選擇，但原來的婚姻樣態若已經不存在，只剩下空殼，為了自己，也為了教育孩子正確的感情婚姻觀，還是放手吧，離婚心更寬，天地更大！

案例一 文音的遭遇

婚姻生活十九年，過得平平淡淡，明威每月薪水都拿回家，獨子也乖巧，只是夫妻能聊的似乎越來越少，親密生活一個月不到一次。我以為這就是中年婚姻生活，沒想到居然是婚姻解組的前兆，兒子考上北部大學離家住校，難得回家，先生卻在此時提出離婚，理由是他在婚姻中不快樂。追問之下，才獲知他有小三，正熱戀中。我沒想到他如此薄情，心中充滿怨恨，當然不能敗給小三，我堅決不離婚。他就搬出去住了，薪水只匯一半回家。

做夢也沒想到我的婚姻會走到這個地步，媽媽說不可以輕易離婚，一定要忍住、穩住、守住婚姻。我每天打電話給他，他不接，去他公司門口等他下班，他臭臉趕我走，只好

在家以淚洗面，媽媽怕我出事，陪我住了一個月。我們說了很多，也一起思考對策，有一天我終於擦乾眼淚，重拾樂譜，勤練鋼琴，報名參加音樂教室鋼琴老師考試，獲得了一份教職，兒子抱著我狂喜。

　　儘管婚姻觸礁，我只想過好自己的生活，享受母親及兒子給我的愛，心情逐漸平靜下來。就在此時，與先生同居一年的小三，因等不到他離婚而分手了，他落寞地回來求和，兒子滿心盼望我們復合。此時的我，已經不能再信任他了，我既不願復合，也不想離婚，閨蜜們也替我高興，我終於贏了小三。媽媽認為明威不可靠，不能他提離就離、提合就合，要我給他苦頭嚐嚐。律師也說千萬別先提離婚，等到明威受不了了自然會再提離婚，到時我就可以提條件。

　　我已經快五十歲，我的生活可以自己主宰，對嗎？

案例二　秋菊的困境

　　跟文山是青梅竹馬，相戀十年，還一起出國念研究所，他拿到博士學位後就回台灣，在大學任教，我則是在企業界上班。結婚十五年育有兩子，平日大家各忙各的，他的研究工作量大會議又多，週末才有機會全家外出用餐或去探望父母。我一直享受著這種平淡、實在的家庭生活，直到有一天，他說婚姻生活太死寂，要離婚。

我無法接受此晴天霹靂，怎麼說變心就變心，我死也不肯離，他就去家事法庭訴請離婚，提了千百種休妻的理由。我真是傷心欲絕，原來他是這樣感覺我、這樣看待婚姻的，還假惺惺說孩子跟著我沒關係，他不會爭。我向法官哭訴家庭建立不容易，感情也不是說離就沒有了，法官心軟，判離婚不成立。但他四年來每年都訴請離婚，連法官都同情我，我們的關係就這樣拖了四年。

　　這期間我知道他戀上已畢業的女學生，小三想要結婚生子，一直守在他身旁，他們租屋同居，在等我點頭離婚。孩子們當然希望爸爸回來，很支持我的堅持，我也去和大姑姑（我爸爸的大姊）談過幾次話。她四十歲那年先生戀上地政事務所的年輕女職員，三人行拖了五年，由於大姑姑堅決不離婚，姑丈就搬出去與小三同居，已三十二年，小三沒名份也不敢生孩子，如今已六十歲，仍無法扶正。

　　大姑姑說姑丈不在家，這些年來她過得很好，兩個兒子很孝順，她要讓小三一輩子有遺憾！我也是這麼想的，先生不念舊情，小三橫刀奪愛，兩人相親相愛，我既無經濟之憂又有兒子在身邊，擁有正宮牌照，不妨來比賽耐心。所以我一定要健康長壽，讓他們永無機會結婚！

專家的意見

感情或婚姻之事並非有期盼就能如願

　　以上兩個案例都是丈夫對婚姻不滿意而向外發展，他們的平淡婚姻了無生氣，男人再度談戀愛如久旱逢甘霖，必然愛得死去活來，小三一定是希望與自己所愛的男人結婚，既然他婚姻不美滿，遲早會離開老婆，那就等他離婚吧，只是感情或婚姻之事並非有期盼就可如願，碰上寧死也不肯離的元配，小三就只能選擇等待或離去。

　　〈案例一〉的小三不耐等待，戀情經不起時間的摧殘，加上有婦之夫不倫戀的壓力，分手求去，先生有失落感及挫折感，不知是有悔意念舊情，還是「無魚蝦也好」，回家求和。文音遭遇背叛，穿越痛苦，置之死地而後生，對婚姻感情之事看開了，先照顧自己最要緊，復合或離婚對她而言均不是首要之事。先生從來不在乎她的尊嚴與感受，她又何必關心他的欲求；如果丈夫受不了這種消極的侵略而要求離婚，至少這次不是因為小三而要離婚，那就再說吧！

　　〈案例二〉的小三必然與文山發展出認真的戀情，雖然沒有名分，卻充分享受實質伴侶生活。文山每年都提訴請離婚，向法官申訴，與髮妻多年的感情原來是兄妹之情，不適

血緣、姻緣，聚一個好緣

合當夫妻，也忍了幾年才決定要過自己的人生。只是法官每次都被秋菊的哭訴打動，判離婚不成立，秋菊又鐵了心要「懲罰」外遇的男女，加上有大姑姑的榜樣及鼓勵，她也決心要好好照顧自己的健康且要活得好，絕不能遂他們的心願，讓他倆慢慢等吧！結果真的等了一輩子。

心裡總有塊石頭壓著，就得不到真正的快樂

一般人對這種情形會有三種反應：

1.真是太傻了，這種變心的男人不要也罷，不但要將他從生活中趕出去，更要將他自心中連根拔除。他的身心都已經在別人身上了，不值得眷戀或等待，當然要趕快離婚，恢復單身，過自己的生活，自由自在，就算帶著小孩，也可以經營健康的單親家庭生活。

2.勇敢的女性，捍衛正宮地位，守住婚姻、守住家庭！妻子又沒做錯事，小三破壞婚姻，丈夫說離就要離，婚姻真的有那麼脆弱嗎？妻子是那麼好欺負的嗎？絕不能離婚，丈夫在外有女友、搞外遇，妻子無法管，但絕不能讓他們稱心如意，他們會有報應的！

3.婚姻如人飲水，冷暖自知。婚姻觸礁，不論是關係本身的問題或外遇行為，在一陣混亂之後必會歸於平靜，夫妻雙方都會有自己的選擇，也得為自己所做的選擇負責，好

好調整心態，繼續過日子。任何旁人均無權力勸或批判，即使是婚姻諮商師也是不勸合、不勸離，只引導當事人看清事實，想通問題。

她們「好好照顧自己」的決定固然是正確且正向的，但死守在空殼的婚姻中也沒意義。兩位妻子與丈夫已經很少互動或零互動，夫妻關係只剩名義，對外雖是X太太，事實上過的是單身/單親的生活，好像具有雙重身份、兩種角色，對外界、對家人、對自己都得忙著轉換角色，心理上必然會感覺累，文音的心態保護自己居多，也有小部分的報復之心，而秋菊則抱著賭氣及懲罰的心態。

文音的療癒與調適似乎比秋菊好一些，至少不像秋菊那麼仇恨先生與小三，文音已經不在乎先生這個人了，覺得現況操之在手，她可以復合、可以離婚，就先維持現狀吧。這樣的做法，短時間內是沒問題，時間一長還是對自己不利，兩個不再有感情的男女，為何還要困在婚姻關係中呢？秋菊則是將丈夫及小三禁錮在不倫戀的枷鎖中，也將自己困在有名無實的婚姻桎梏裡，一輩子記仇，心裡總有塊石頭壓著，一輩子都得不到真正的快樂。

離婚當然是不得已的選擇，但原來的婚姻樣態若已經不存在，只剩下空殼，為了自己，也為了教育孩子正確的感情婚姻觀，還是放手吧，離婚心更寬，天地更大！

血緣、姻緣，聚一個好緣

⑦ 我的岳家怎麼那麼多事？

夫妻感情好，就會為對方設想，當遇到困難或衝突，較易同心協力來處理，而好的感情、深遠的關係，也是從為對方設想開始。

案例一 明城的心聲

　　岳家在我們社區買了一層小公寓，給妻子兩個讀大學的弟弟住，兩老趁兒子寒暑假回南部老家時總會來桃園各小住一段時間，還順便帶上一兩位親戚，到家裡來坐坐我們當然歡迎，只是妻子有點太過分了，幾乎每晚要父母及親友來家裡吃飯，餐後還吃水果、看電視，聊上一個多小時才肯離去，之後她一個人慢慢收拾，總要搞到好晚才能休息。

　　我自己開公司，每天光跑業務及處理員工的事就忙不完，晚上拖著疲憊的身體回家，想安靜休息，卻得陪著笑臉招呼客人，聊來聊去差不多都是同樣的話題。雖然每年只有兩、三個月有娘家客人來訪，但已經讓我很受不了。好言勸太太別下班後又做一桌菜會太累，她說沒關係，她喜歡熱鬧，大家吃得開心就好。這是我最不滿的地方，跟她反映過

好幾次，講到快吵起來，滿肚子氣，不知要如何改善？

案例二 日昇的不悅

太太出身喝酒世家，她父親是生意人，應酬極多，母親也經常陪著喝，自小看到大，自然也能喝一些。而我則從不喝酒，並非衛道或父母不准，而是我從不覺得酒好喝。婚後妻子看我滴酒不沾，她一個人也不會想喝酒，但與朋友聚會時總被要求喝一點，她若婉拒就會被批評是小女人，為了老公把啤酒換成可樂！

家庭聚會時岳母必備酒，也頻頻催女兒喝，女兒只舉杯碰唇並要我不必喝，她就批評女兒沒將丈夫調教好，還強調適量飲酒是有教養的表現，喝過頭或滴酒不沾都是不懂文化、不會做人。妻子很為難，我卻很不悅。我們從未批評別人喝酒好或不好，他們居然對不喝酒的人貼標籤，不知我和妻子該如何面對？

專家的意見

既然不能消除壓力源，只有轉念與之共存

有些婚姻問題婚前就可預見，例如懶得下廚、花錢太海派，或婆婆有寡母心態等，這些問題得婚後慢慢調適，學習

成長，以維持婚姻關係。而有些不是問題的問題有時也會在婚姻生活中出現，造成一方或雙方的困擾，如明城的岳家來Long stay及日昇的岳母堅持男人該喝酒的家庭文化。

岳家人北上住自己的小公寓是理所當然，除了來玩，還想跟女兒一家人多相處，明城的妻子也想趁機盡孝道，所以幾乎每天邀親友來家中用餐相聚，從採買、洗切、烹調，忙著煮一大桌菜，實在很辛苦，但她看見父母開心，自己也就快樂，而不辭勞苦，看在丈夫眼中頗為心疼。然而最主要的問題在於他們平靜的生活被打亂了，明城上班勞累，回到家卻不能好好休息，還得幫忙招呼客人、陪笑臉，飯後想小憩也因太吵而不得安寧。

老人家真的沒想那麼多，毫無覺察，還引以為樂，明城的妻子對丈夫的勸說、甚至抗議，已經感到些許壓力，但不多和父母相聚共餐，她又有愧疚感，所以還是沿用既有的相聚模式，不斷地告訴自己，父母快要回南部了，也就沒有餘力顧及丈夫的心情及需求。小夫妻有幾次差點吵起來，就是因為誰也沒有說出自己心中所想的，都認為對方在批評自己，太太及丈夫都各有立場。

夫妻本來感情很好，卻因岳家的來訪給明城帶來壓力，他又對妻子施壓力，在雙方都有壓力的情況下是很難處理問題的。誰都沒有錯，雖然岳家來訪是壓力源，既然不能消除

壓力源，只有轉念與之共存。明城既是主訴求者，他可以心平氣和地與妻子規劃小家庭生活與大家庭生活，使之制度化，亦即兩人說好星期五、六兩天請岳家人來家裡晚餐聊天，星期天則大家一起上館子打牙祭，星期一到星期四是小家庭生活，妻子可以提議父母去找朋友或在住處休息。

明城並沒有反對或阻止妻子請爸媽來用餐，她當然也可以於週間選一兩天帶孩子去父母家煮食或買現成餐點同享，這樣她就不會太累。明城可以自己買便當在家吃，圖個清靜，亦可過去岳父母家吃太太做的晚餐，再以加班為由先行回家休息，總之，變通的方法很多。他當然要向妻子強調自己平日晚上要多休息，週末才有精力及心情帶大家出去玩。

至於日昇的困擾其實不是大問題，他就是太愛妻子，感動於她為他滴酒不沾，已成小家庭文化，但參加岳家聚餐時這就與妻子原生家庭的喝酒文化產生衝突。喝酒已是岳母生活的一部分，當看到女兒的改變，認定是被夫家影響，不只不高興，還有失落感，乃以「不懂文化、不擅交際」向女兒說教，其實是暗諷女婿。日昇不悅於岳母的評斷，替妻子抱不平，再加上太太被朋友譏為小女人，他也為她叫屈。

學習以智慧及柔情來平衡局勢

喝不喝酒純屬個人選擇，會喝酒、能喝酒並不表示要喝

酒或喜歡喝酒，從前喝酒並不表示現在得繼續喝，何況人的飲食習慣是會改變的。日昇的妻子因家人有喝酒習慣，她也就從眾，婚後她寧可隨丈夫不喝酒，這是她自己的決定，而日昇不喝酒也是他的生活習慣與選擇，與有無文化及教養完全不相干。在美國，喝酒確實是社交的一部分，在台灣，商務應酬場合喝點酒有時的確能加分，但能喝酒不表示有較佳的人際關係，因此明城不必在乎他人的評論。

姻親相聚，小夫妻大可不必為了岳母催促喝酒的態度而將關係弄僵，可以各自拿起無酒精飲料或茶，向大家舉杯致敬，說「不管喝什麼，自己開心就好，來，我們敬各位，祝大家身體健康，聚會愉快！」至於妻子被朋友譏為小女人，就更不必放在心上，友誼並非靠酒精飲料來維持，只是她當時不隨眾喝酒，引來朋友的異樣眼光，而給她貼標籤，順便戲謔一番，其實，她只要堅守原則，以「我現在比較喜歡喝可樂！」來回應即可。

一般人都認為娘家的事由妻子去處理就好了，話是這麼說，但也要看妻子的態度。明城的妻子在父母來訪時完全向著娘家，小家庭擺第二，明城既看到問題，就得誠心支持妻子，並學習以智慧及柔情來平衡局勢，強力輔佐妻子依照新的侍親計畫而行，因夫妻感情基礎深，行之應該較易。

而日昇的妻子選擇不喝酒，正合他意，他當然要心存感

激，支持妻子面對岳母及友人。兩人一起出面，堅持以可樂代酒，與大家同樂。總而言之，夫妻感情好，就會為對方設想，當遇到困難或衝突，較易同心協力來處理，而好的感情、深遠的關係，也是從為對方設想開始。

血緣、姻緣，聚一個好緣

⑧ 是我把丈夫慣壞了嗎？

先從自己改變起，對方必會受到影響而做出不同的反應；畢竟羅馬不是一天造成的，僵化已久的互動需要時間、耐心及愛心來活化。

社區媽媽們幫忙辦完元宵節的里鄰活動，鬆了一口氣，聚在里長會客室，嗑瓜子、吃水果點心邊聊天，其中一位媽媽說要去補習班接兒子得先走。

「妳忙了一天夠辛苦了，妳先生為什麼不去接？」有位媽媽問。

「他在家看電視，說我人反正在外面了，就繞道去接孩子，唉，他總是這樣！」

「是妳把他慣壞的吧！老坐著看電視也不是好事。」有人接話。

「那妳就快走吧，別讓孩子等太久。我可不想這麼早回家，想到我家那口子就有氣，還是留在這裡和姊妹淘聊天談心吧！」張媽媽抓住機會開始發牢騷。

張媽媽：「這已經不知多少次了，出門前才跟他嘔氣。他申請提早退休，找了個兼差，其他時間就在家裡蹲。我通

常前一天晚上做好三個便當，隔天我和兒子帶去公司吃，他中午就在家裡把便當熱一熱吃了，水果我也削好了，多舒服啊！問題是他從來不洗便當盒跟碗筷，就留在桌上等我回來洗。一個人吃完飯順手洗乾淨是多麼簡單的事啊！」

「我在孩子面前說他，也吵過，兒子使了眼色，他有當我面洗過幾次，但我希望他能自動自發，吃完飯就把碗筷收拾乾淨，我曾威脅過如果他不洗，我就不做中飯給他吃，我也真的做了，結果他不是在家吃泡麵，就是去便利商店買便當，吃完還是把飯盒丟在桌上。我快氣炸了，可是又心疼他沒吃好，還是幫他做便當，替他洗碗筷，心不甘情不願啊！」

「我看妳根本是心甘情願，老公、孩子都是妳的心頭肉，上輩子欠他們的！」一位媽媽擊中她的要害，這時年輕的李太太也加進來討論。

李太太：「我有一個問題想要請教各位媽媽們，是這樣的，我們算晚婚，我三十歲才結婚，結婚七年了，生了兩個女兒，先生在私人公司上班，很忙，而我在公家單位服務，可以準時下班，先去娘家接小孩，再回去做飯，幫她們洗澡及做家事。先生常加班，我們只好先吃，回來再熱給他吃，他晚上不是繼續工作就是看電視新聞，偶爾逗逗小孩，只有上床睡覺時才感覺像夫妻。」

血緣、姻緣，聚一個好緣

「我想我們還年輕，我可以內外兼顧，儘量讓先生沒有後顧之憂去打拼事業，白天若打電話給他，他總是說忙，有事回家再說，或叫我自己處理，等於是白打，久而久之，我也不想自討沒趣了。晚上回到家，他只關心女兒的生活狀況及繼續忙他的工作，我想跟他聊一聊，他總要我精簡扼要地說。」

「於是我想出一個辦法，就是下班前先想好今天回家要跟先生說什麼，一條一條列出來，吃過晚飯後逐條向他『報告』，他會聽，也會小討論，這就是我們的互動模式。我總覺得怪怪的，但至少他有理我，有回應，週末我們固定回婆家，他和父親及大哥總聊不完，我一邊帶小孩一邊和婆婆及大嫂話家常，總覺得怪怪的。」

媽媽們聽完後不可置信，七嘴八舌地說：

「怎麼會這樣，聽起來像工作狂，電腦怪人啊！」

「太太打電話去公司找先生，一定是有事，怎麼可以用這種態度？」

「工作真有那麼忙嗎？忙到沒時間跟老婆說說話？」

「我也真佩服妳，想出這種方式向他報告，他又不是妳上司！」

以智取勝、以柔克剛，強化夫妻的良性互動

以上兩位媽媽呈現的是夫妻互動的問題，但婚姻年數的

長短與問題解決的難易度及婚姻生活品質是有關連的。張媽媽的婚齡近三十年，夫妻一起走過苦與樂，基本上婚姻是不會動搖的，她做了多年便當，也替一家三口做了所有家務，一家和樂，她也從無怨言，洗便當盒碗筷的問題根本就不存在生活中，現在是因為先生退休了，兼差以外的時間在家，一向不習慣吃外食的他仍仰賴妻子做便當，吃完後習慣擺一邊，等著妻子清理，而妻子的想法改變了，「你在家閒閒沒事做，自己用的餐具自己洗，為什麼留到我回家讓我洗呢？真不體貼，太會享福！」

退休本就是一個巨大改變，尤其對提早退休者來說，他得忙著適應不上班，沒有同事，面對白天妻兒不在的家，生活上唯一不變的就是吃太太做的便當，也習慣成自然，碗筷留給太太洗。雖被嘮叨多次，心理上仍抗拒，為了兒子的顏面勉強洗了幾次。張媽媽只是一昧地氣他不聽話不體貼，威迫利誘未成，自己還是屈服了，懷著怒氣，一邊洗一邊罵，滿心怨氣，抓著機會抒發，心裡才會好過些，但問題並未解決，這雖是小衝突，卻會經常再現，一方緊迫、一方抗拒，最終成為惡性循環，家庭氣氛受損，雙方親密感降低。

既然是張媽媽自己受不了，她就得想辦法化解衝突，這要從心態上來調整。先以同理心體諒丈夫退休後的調適困難，自己也要思考如何配合一個已退休、一個仍在職的家庭

生活。張媽媽年紀也不小了，可以在例行生活上做些改變，例如不必每天帶便當，趁午休之便，偶爾邀先生來她公司附近約會吃簡餐，或者鼓勵先生去看早場電影，順便自己在外用餐。在吃便當的日子裡，張太太也不必強求先生吃完飯後要馬上清洗，可以等到晚上吃過飯一家三口輪流洗。

　　張媽媽真的不須要埋怨丈夫，這等於在跟自己過不去，生氣對自己沒好處，最重要的是她得用誘導的方式把洗碗當成樂事，也就是一人洗碗另一人陪伴在旁聊聊天，然後誇丈夫退休後成為家事的大幫手。張媽媽也要瞭解，多年婚姻生活丈夫已經很依賴她了，只能以智取勝、以柔克剛，總要試著去化解問題，強化夫妻的良性互動。

試著走進對方的生活及心裡，而不是各忙各的

　　至於李太太的狀況的確是個問題，結婚才七年，夫妻除了晚上睡覺及例行報告之外，平日幾乎零互動，已潛藏婚姻危機。很多夫妻年輕時打拼存錢，目標是老了以後去環遊世界，但等到退休後身體一堆毛病，路都走不動了，遑論環遊世界。年輕夫妻不常聊天分享，等到老了就更不可能大聊特聊，相依為命了；婚姻是每天每分鐘都要過的，現在的良性互動、親密溝通，就是未來的美好回憶。

　　李太太體諒先生，小孩家事一手攬，還不敢打擾先生，

只好把要說的話、要討論的事列在一張紙上，每晚抽空向先生報告。她也太認命了，但心底還是有個聲音告訴她不對勁；而李先生也太自私了，工作及自己的事擺第一、孩子第二、原生家庭成員第三，只把太太當成小家庭支柱，像個機器擺在生活中，因此大部分的問題在於先生，但李太太也要負起部分責任。

這不是誰對誰錯的問題，他們的組合就是這樣，但的確是互動不良，所以就要從此處著手改進。首先李太太得破除「我不能打擾先生工作，他是為了這個家庭」的迷思，她自己做牛做馬，難道不是為了家庭？工作與家庭一樣重要，且可以並存，難道先生在公司把所有的話講完了，回家就沒話講嗎？李太太在電腦上打出談話清單，看起來是有規劃有系統，但人際互動是活的，這樣做只是緣木求魚，僵化了原本就極少的互動。

李太太可以主動問先生，白天若有事什麼時間方便打電話，若他忙，可以說好回電，再忙總可以抽出三、五分鐘講電話。而晚上在家李太太也可投丈夫所好，陪他看新聞節目，由其中找話題，然後再聊到家裡的事，一定別忘了問他工作的情況，在情緒上與他同甘苦；也就是說，試著走進丈夫的生活及他的心裡，而不是各忙各的，表面上各安其所，其實是兩條未有交集的平行線。

李先生可能較內向嚴謹，但本質善良、愛家人，他需要引導，更需要放輕鬆，李太太不能凡事以先生馬首是瞻，婚姻中女男平等，自己的需求要透過對話來表達，讓丈夫在家能鬆懈身心，與家人同歡。李太太回婆家時也應儘量與其他成員互動，不妨聽聽他們父子三人聊些什麼，必要時可以加入，或回家後與先生接著聊，也表達意見，與先生同步成長。

李太太要學、要做的的確很多，非常辛苦，但因為她心有疑慮、有不滿，是主訴求者，所以就要由有高度自我覺察的一方去引導另一方，就是所謂的「妻子兵法」或「女子兵法」，先從自己改變起，對方必會受到影響而做出不同的反應，不論改變的程度如何，一定能看到效果。畢竟羅馬不是一天造成的，僵化已久的互動需要時間、耐心及愛心來活化。

婚姻本就是最複雜的人際關係，不可能沒有問題，但問題可大可小，大部分時候夫或妻、或者夫妻雙方可以做自己的婚姻諮商師，自我調整認知與心態，展開溝通、化解衝突、磋商協議，朝前嫌盡釋、同心交流、相依相愛的目標前行。

⑨ 假學歷，真詐婚

> 婚前交往不見得與婚後幸福呈正相關，但至少能多認識、多瞭解，在互相信任、安心、放心的基礎完全建立之後才談婚論嫁，可避免為失敗婚姻付出高昂的代價。

在報紙社會新聞版讀到一則新聞，大意如下：

「現年四十四歲的單親媽媽黃女，聲稱要撫養女兒，連續偽造國立清華大學學士、碩士畢業證書，應徵工作皆獲錄取。更離奇的是，她還以清大碩士假身分嫁給一位台積電博士，結果對方發現她答不出自己的碩士論文論點，閃離後才知枕邊人是個大騙子！」

夫妻相處久了難免原形畢露

偽造學歷的行為男女均有，通常都是謊報學歷，這比較容易被拆穿，但也有人真的去偽造畢業證書，可以瞞天過海一時，其動機大致可分為：

1.自卑感作祟：學歷低又不想進修，深知這是個講究學歷的社會，乃謊稱自己是某國立大學學士或碩士，自欺欺

人，獲得心理上的暫時滿足。

2.虛榮心驅使：虛榮心是人性之一，想要在別人面前有面子，乃謊稱較高學歷，自以為這樣就能讓人瞧得起，與人平起平坐。當矇騙過別人時，自己還真以為學歷已提升。

3.求職需求：急需找工作，或想求職工作的資格必須有碩士學歷，乃不擇手段，說謊並偽造證書。

4.婚姻條件：在交友、戀愛、結婚的過程中，為了讓自己更有優勢，以與所青睞的對象匹配，謊稱或偽造學歷來達到目的。

案例中的黃女動機不單純，先是獲得工作，有收入可以撫養女兒，但她不覺滿足，下一步的目標是找一張長期飯票，既給女兒找個繼父，又可豐富自己的積蓄，不只心機重，還好高騖遠。黃女可謂見識廣博，深諳人心，她先上交友網站相中在台積電工作的博士宅男A君，展開網路聊天，A君某次在線上吐露單親爸爸的心聲，黃女以同是單親的身份拉近彼此的距離，藉著照顧小孩的機會深入交往。

A君就是太宅，不懂情趣，當初才會離婚，突然有黃女對他們父子噓寒問暖，感動不已，乃決定再婚。婚後因工作繁重，在家時間不多，夫妻間不常深聊，交談的大多是孩子的事及柴米油鹽等家務事，根本未察覺妻子是假碩士。由於A君年薪數百萬，婚後不久，黃女即要求A君將高級車過戶到

自己名下，後來還頻繁刷丈夫的信用卡，並領其薪水花用，A君心生疑慮，兩人因開銷產生芥蒂。

　　吵架之餘，A君逐漸發現黃女談吐實在不像受過高等教育的碩士，某次以黃女的碩士論文考問她，沒想到她竟答不出來，由於疑點太多，感情降溫，隔閡出現，無法再共同生活，結婚一年就離婚了。離婚後A君越想越奇怪，且心有未甘，乃拿著黃女照片向清大經濟研究所相關人員求證，得到的答案是有這個姓名，卻非黃女本尊，清大碩士另有其人。

　　再進一步追查，黃女與該清大碩士同名同姓，原因是黃女最早以本名應徵工作時使用假學歷被拆穿，她腦筋一轉，乾脆去戶政事務所改名，改成與清大經研所女碩士一樣的姓名，從此就拿著偽造的畢業證書，以清大人自居，至於她真正的學歷應該是高中畢業而已，當面對檢警調查時，她居然說不清楚，稱「不確定是逢甲，還是靜宜的學士」，還在扯謊，哪有人不知道自己是哪一所學校畢業的？

　　假學歷對黃女來說真是太重要了，除了李代桃僵自我陶醉外，找工作、找男人、找錢，都是利器神器，也一直很好用。虧她想得出改名字這招，的確較不易被識破，也一再讓自己相信她就是碩士證書上的那位黃女。那段婚姻對她而言只是手段，她要的是金錢保障，所以就在暫時的避風港內以自己對A君及家的付出，換到她想要的錢財與舒適生活，她並非真心愛

A君，也未努力經營兩個單親家庭組成的雙親家庭。

可憐的A君是典型的「科技男」，工作繁忙沒時間談戀愛及享受人生，偶爾閒下來就上網站找人聊天談心，具有優厚的條件及宅男作風，正中黃女下懷，兩人很快就聊上了，以致淪陷而未察覺彼此的差異與不合適性。

婚姻是每天、每分鐘的生活，就算工作忙，交談時間少，相處久了還是會原形畢露，黃女混社會的個性，毫無學術味道的談吐，以及頻頻取錢用錢的行為，已經令A君感到反感，心中總覺得不對勁。而學術人畢竟是學術人，想得出以黃女的碩士論文（A君必然上過清大網站查過論文）來考她，一試便知！

兩人無法同心，相處就產生困難

曾有學者說過，「沒有愛情的婚姻是不道德的」，也就表示兩人若不相愛，硬綁在婚姻中，必有一人或雙方會受傷害。黃女與A君的婚姻一開始並非沒有感情，由於A君條件好，黃女對他有好感，而A君則被黃女同為單親的身份及追求他的手段迷惑了，以為自己在談戀愛，由失婚而再婚是很自然之事。但婚後的生活因為沒有真正的愛情支撐，縱使有肉體的親密行為與家庭生活的表面運作，兩個人基本上無法同心，相處就產生困難，逐漸地便無法與立場對立的人共同生活了。

　　夫妻必須同心協力一起來經營婚姻，以「你的事就是我的事」、「家裡的事就是我們的事」的心態來面對及處理家中大小事，最重要的是兩人要敞開心懷，誠懇溝通，而不是各懷鬼胎。黃女的心機日子久了就紙包不住火，A君就是再宅，也是有自覺的知識份子，他心中沒有鬼胎，只有疑點，兩人不相容的結果，當然就是一拍兩散了，尤其是A君，為了保護自己和孩子，力求脫生。

　　案例中的男女主角都四十好幾，行騙的依然行騙，宅男還仍舊是宅男，個性已固定，很難改變了，所以還是會有一個願打、一個願挨的事件發生，也不知黃女在東窗事發被調查、判刑之後會不會悔改，A君也不知會不會「一朝被蛇咬，十年怕草繩」，從此孤單終生？

　　婚姻不是兒戲，不論是年輕人、中年人或老年人，都得張大眼睛，理性思考，絕不能因為被戀愛沖昏頭、財務困難、急需成家，或渴望為自己找個伴、為孩子找個繼父/母而進入婚姻。每個年齡層都有屬於那個年齡對婚姻的需求，未婚者都認為兩人相愛，結婚是理所當然，單親者則對第二春懷有憧憬，寄以厚望。雖然婚前交往不見得與婚後幸福呈正相關，但多交往至少能多認識、多瞭解，在互相信任、安心且放心的基礎完全建立後才談婚論嫁，否則，不論是首婚或再婚，婚姻失敗的代價是很高昂的。

血緣、姻緣，聚一個好緣

⑩ 婆媳正向互動，發展三代緊密關係

> 婆媳若是正向互動，妳來我往，互相關心，親情、恩情、友情，都可以從中發展出來，婆媳關係良好，必促進三代關係緊密。

日前看到一則社會新聞，標題是「婆婆夜闖洞房，媳婦受夠訴離」，內容大致是一位四十幾歲的A女訴請離婚獲准，且女兒監護權歸她，十幾年的婚姻生活對她來說簡直是一場惡夢，她一直忍氣吞聲，直到女兒讀高中，可以半工半讀，她自己也有一份兼差工作，才決定離婚，走出丈夫那個不正常的原生家庭。

婚後才發現丈夫是媽寶

當初熱戀時只覺得男友的母子關係緊密，以為是好現象，婚後才發現丈夫原來是個媽寶，自小到大一直由媽媽照顧他的生活起居，婚後亦然，更驚人的是丈夫婚前居然還和母親睡同一個房間，真是令人覺得不可思議。

新婚期間婆婆關愛兒子的心意未減，經常夜闖新房，對

他噓寒問暖，弄得夫妻神經緊張睡不好，而婆婆對A女敵意很深，總是有意無意指責她「把兒子搶走」，還叫兒子「要常常罵，媳婦才會乖」，因此丈夫多次當著婆婆的面對妻子大小聲，什麼髒話、粗話都罵出來，似乎是要「罵給婆婆看」。

法院審理時A女訴說，婆婆常挑撥離間夫妻的感情，防她如防賊，家裡大小事都不讓她插手，連生活費都叫丈夫少給，因此這些年她真的受夠了。儘管A女丈夫承認因「生活瑣事」罵過妻子，但只是夫妻吵架，沒有感情不睦，女兒則出庭做證：「奶奶會挑撥一些小細節」、「只要奶奶一回來，爸就對媽大小聲，罵難聽的話」等，法官採信A女女兒的說法，以婆婆挑撥離間，造成夫妻婚姻難以維持而判准離婚，A女終於如願走出婚姻的枷鎖。

A女真是了不起，居然能跟媽寶丈夫維持了十幾年的婚姻，想必這位丈夫也有優點，有時候對妻子不錯，但在母親面前就變成長不大的孩子，生怕惹怒媽媽，對她言聽計從，雖有生理需求及對結婚渴望，卻無法自原生家庭分化出來，嫁進家門的妻子對他們母子而言，只是屋裡多了一個女人，家裡的一切都照原樣，因此A女要很辛苦適應這個不正常的家庭，只因為對丈夫有愛，就勉強順著丈夫，扮演出氣筒，保護他的母子關係。

媳婦的存在加深惡婆婆的不安全感

假戲容易真做，兒子前半生都依賴母親，深深被洗腦，等到新婚的激情過後，他寧可責罵妻子，取悅母親，越來越少護衛及安慰妻子，也就是容易看妻子不順眼，且相信母親的告狀，一點小事就當著母親的面開罵，且罵得越髒越難聽似乎越能取悅母親。罵多了，真感情也就褪色了，A女只好將感情寄託在女兒身上。女兒從小看到父母親的不良互動及父親與奶奶的奇怪互動，必然覺得不對勁，長大後漸能分辨是非善惡，願意在法庭說出真相，幫助母親脫離沒有自我的不快樂婚姻。

這位媽寶丈夫也真無可救藥，已為人夫卻無法保護妻子，不懂得珍惜，反而隨著母親的意去踐踏妻子的尊嚴；已為人父也沒做好榜樣，做不到父母恩愛的表現，反而與自己的母親沆瀣一氣，欺負老婆。還好母女連心，女兒沒有受到父親及祖母的影響，心理正向、人格正常。

有這麼一位逆來順受的妻子，他當然不想離婚，因此否認婚姻中的虐待，僅說是夫妻吵架，而A女在十幾年共同生活後提出離婚，對此君來說不啻是個重擊，雖然他母親可能暗自竊喜，但母子關係必然不可能回到兒子未婚前單純的依附關係了。妻子女兒都離開，這位丈夫必會有很嚴重的失落感，畢竟能享受家庭生活還是不錯的，以後只好自求多福了。

　　不必追溯到古代，就在二、三十年前，就常聽到婆婆不許兒子睡覺鎖門的事，因為她半夜要幫他蓋被，媳婦睡夢中感覺有人在身旁，睜眼看到婆婆嚇得大叫，還被丈夫斥責，說她大驚小怪，這樣的婆婆算是惡婆婆嗎？還不至於；也有不少媳婦因無法生育或生不出男孩，婆婆逼兒子休妻離婚，這就是惡婆婆了。

　　本文這則社會新聞中的婆婆則是個真正的惡婆婆。這位婆婆看似強勢，其實是個可憐的人，生活中只有兒子，她以控制的方式來愛兒子，媳婦的存在加深她的不安全感，她的冷漠與教唆，就是霸凌的主使者，兒子則是霸凌的執行者。強韌的Ａ女居然有大愛心，容忍霸凌，對丈夫一再動之以情，一心期望丈夫能化解婆媳不睦，以親情改變婆婆的偏見與敵意，在失望之餘總算死了心，永遠不要再管這對母子了。婆婆說不定會因法官判離婚而竊喜，眼中釘不見了，但她的孫女也離開了，兒子可能也會怪她。總之，母子關係開始起變化，這下該她自食苦果了！

即使未同住，婆婆的觸角還是有機會伸進小家庭中

　　婚姻絕不是兩個人的事，而是兩家人的事，自古以來姻親問題都是婚姻危機，尤其是在大家庭內，而姻親問題又以婆媳問題最常見，即使在現代核心家庭中，小夫妻未和公婆

同住，婆婆的觸角還是有機會伸進小家庭中。為什麼兩個女人一旦放在「婆」「媳」角色中，關係就會有問題？原因大致如下：

1.有代溝：不瞭解彼此時代背景所形成的觀念。

2.家庭差異：不習慣或難以接受對方的習慣或作風。

3.個性不合：天生相剋或看不順眼，漸成對立。

4.婆媳爭寵：都希望兒子/丈夫將自己擺在第一位。

5.寡母心態：婆婆長期為單親或寡婦，與兒子相依為命直到他結婚。

6.媳婦熬成婆：從前婆婆如何對待媳婦，就代代相傳。

7.家中男性無能：身為兒子/丈夫，無法擺平生命中最重要的兩個女人。

看起來好像婆婆比較有問題，其實好婆婆也很多，只是在多數傳統華人家庭裡實行男尊女卑，婆婆身為女人，仍然重男輕女，一切以兒子為重，媳婦在家裡是沒地位的，如此的家庭關係，有些大女人媳婦自然就受不了，難免回嘴或反抗，成為婆婆眼中的壞媳婦，媳婦也視她為惡婆婆，婆媳問題就會越演越烈。如果碰上個媽寶或個性軟弱的男人，婚姻必定不幸福，家庭也難和樂，對孩子人格成長亦有負面影響。

惡婆婆就跟後母心態一樣，是社會刻板印象，但婆婆也可以很慈愛。正常的心態應是愛屋及烏，兒子娶了心愛的女

人，家裡多了一個伴，應是好事，何況她又是寶貝孫子女的母親。婆媳若是正向互動，妳來我往，互相關心，親情、恩情、友情都可以發展出來。家中兩個女人彼此支持依靠，成為家庭棟樑，媳婦侍奉婆婆如自己母親，婆婆也視她如親生女兒，加上現代雙生涯小家庭常需要婆婆（或岳母）幫忙照顧年幼孩子，婆媳關係良好必促進三代關係緊密。

另外一種惡婆婆形象也是從前較常見到，就是對兒子的下堂妻不假辭色，不許她探視小孩。然而現代有不少離婚女性仍與前婆婆保持良好關係，不僅可以自由探視小孩，帶他們出去玩，婆媳還相約吃中飯逛街，亦母亦友，雖然關係上是前婆婆與前媳婦，實質則是忘年之交，雙方有共同話題、共同背景及互相關心，此時有沒有兒子/前夫在，或不論他想法如何，都不會影響這份特殊情誼了。

婆媳關係並不如想像那麼難搞，但兩個女人的關係的確很微妙，公公、丈夫、伯叔、姑嫂可以是干擾因素，也可以是促進因素，但婆媳各自正確的家庭關係概念及愛心付出才是關鍵，從陌生到熟悉，需要雙方都付出時間及心力。

血緣、姻緣，聚一個好緣

⓫ 單身或結婚，都要過得好

> 不論幾歲的單身生活，不妨好好規劃自己的人生目標，只要愛自己、有信心，單身者必能與已婚者一樣過得充實與快樂。

「單身生活」是普遍存在於現實生活中的現象，單身包含未婚、一度單身或二度單身（結婚但又離婚）的青年男女及熟年男女；「單身貴族」則指並非娶不到或嫁不出去，而是他們選擇生活的方式與眾不同罷了。單身、結婚或離婚都是生活方式的一種選擇，大多數人選擇結婚，小部分人選擇單身。

對某些人來說，單身是一種過程，只是因為在未找到自己合適的對象或者熱衷於工作，人生追求的目標有先後，而把結婚的時間往後推移。但也有一部分人把單身當成一種目的，因為他們認為這種生活方式較適合自己，而選擇終生單身，自由自在，不受牽絆，可以專注於自己喜歡的事。至於二度單身者，也可以選擇再婚或單身，的確有不少人選擇終身單身，則是基於相同理由。

人有權利追求自己想要的

　　從前社會有「不孝有三，無後為大」的傳統觀念，已婚才是正道，單身往往受歧視，如今選擇單身的人越來越多，單身者的生活也越受重視。而單身者要如何活得快樂，有下列幾點可供參考：

■ 建立自信心

　　1.不斷進修，充實內涵，活到老、學到老。

　　2.藉由服裝造型的穿搭，可使自己更獨特及美麗或帥氣。

　　3.參加專業性或生活化之營隊或團體，使自己視野更寬廣，如企管營、生活營、國標舞班、單車隊等。

■自給自足、回饋社會

　　1.單身者應具備一己之長，來保護自己、養活自己，使能在社會中生存下來。若連經濟都有問題，則快樂將何處尋？

　　2.在自認有能力之後，不妨關心他人，回饋社會，因為施比受更有福。

■安排生活

　　1.結交好友，朋友間可相互鼓勵、關心與支持。

血緣、姻緣，聚一個好緣

2.積極拓展人際關係，只有良好的人際關係才能使生活更多采多姿，遇人常面帶微笑，多參與正當的休閒活動，都是很好的方法。

3.健康、專業、感情是單身者追求的三大目標，其中，健康是最基本的，俗諺：「健康是人生最大的財富」，若沒有健康，就算生活過得多幸福快樂，也會煙消雲散，因此規律運動應當視為每天生活的一部分，至於感情則是可遇不可求，可獨善其身，也可追求親密關係，因此若有機緣，必須適時把握住機會發展親密關係。人有權利追求自己想要的，也有權利拒絕自己不想要的。

■充實性愛感情、婚姻知識

有些人會覺得「婚姻與我無關」，對男女關係避而不談，這是錯誤的觀念，每個人都有慾望，其中便包括性愛的慾望，單身並不是要「無性無愛」，而是有主宰親密生活的權利，唯有去了解性愛感情，才會使身心更成熟，才能更合理去處理男女之間的關係。

也許你是個單身者，也許你的子女不想結婚，不論幾歲的單身生活，不妨好好規劃人生目標，只要愛自己、有信心，單身者必能與已婚者一樣過得充實與快樂。

⑫ 基礎穩固， 感情路才能走得長遠

　　不論是戀愛同居或結婚，男女雙方要的都是一段穩定的感情關係，而欲進入長期關係，承諾與投入是重要的概念與行動。

案例 ▶ 美美的難題

　　與大明熱戀一年，我們不顧各自父母反對，離家共築愛巢，言明所有開支平均分攤，轉眼已一年。本來生活算是甜蜜，但最近他被資遣，無法負擔一半的生活開銷，又不肯回家向父母拿。現在所有費用都是我在付，包括房租、網路、食物、汽油錢，甚至他的電話費。

　　他沒積極找工作，也不做家事，只是坐在電視機前，要不就上網玩遊戲。我好像是他媽，不只要養他，每天下班回來累死了還要煮飯、洗衣、打掃。我不知道他是否還把我當女朋友，我已經不記得上次他主動吻我是什麼時候了？

　　我很痛苦，我真的很愛他，但我撐不下去了。我不認為這樣是公平的，裡裡外外的事全是我在做，他卻逍遙自在享

受懶散生活，說多了變嘮叨，他充耳不聞。有一天我實在受不了了，對他大吼，說寧可一個人住，他就跑去高中好友家住兩星期，再三天就要回來了，我真不知該如何是好，又不敢回去問爸媽，他們會罵我活該，怎麼辦呢？

專家的意見

新鮮感消失，就容易產生親密危機

美美的狀況看起來很普通，年輕的上班族同居後產生經濟問題，影響感情，捨不得放手卻也無力改變現狀，感覺累了。其實這個案例裡有許多的人生議題，包括以下幾項：家庭關係、金錢觀、責任感、生活作息、親密關係、婚姻觀及未來的共同規劃。

1.家庭關係

年輕人往往為了愛，不顧父母反對，硬要搬出去住，想要過兩人世界的生活，卻沒想到在外開銷大，住家裡可以存錢準備結婚，這也正是父母希望的。若為了愛侶和原生家庭鬧翻，一旦有了問題就不敢或不好意思向家裡求援了。然而，再怎麼樣父母對子女的愛是無條件的，當初不聽勸誰讓父母傷心，但只要回頭找父母，他們一定會接納的，且這是

一個修補家庭關係的大好機會。

2.金錢觀

　　年輕男女以為同居會較一個人住省錢，言明一切費用平均分攤，「反正我只出一半」的觀念促使他們提高生活享受，網路用最快速的，有線電視一定要有，吃的、用的都要好，穿的則是名牌。平時是夠用，實則沒有規劃，毫無積蓄；一旦有急用或有一方失業，財務危機立刻產生，關係危機馬上出現。未婚伴侶對於金錢的約定應遵守，有借有還，保持誠信，才會有信任感。

3.責任感

　　同居的意義（結婚也一樣）並不是相伴而已，兩人既共築愛巢，就得全心投入這個家，否則就和室友沒兩樣。日常生活瑣事，包括煮飯、洗衣、掃地、倒垃圾，都得分工合作，且兩個人都要上班，理應相互支持協助，而不是全由某人來做。而責任感並不光指勞務區分，還包括對關係的承諾、金錢的負擔，及對共同生活的未來規劃。

4.生活作息

　　同居男女（或夫妻）並非一定要作息時間相同，各自還是有不同的事情要忙，但也不能毫無交集或彼此干擾，例如

因失業賦閒在家或生病休養的一方，半夜起來看電視或玩網路遊戲而白天睡大覺，不但亂了共同生活的一致性，也產生了彼此的疏離感。

5.親密關係

人們因相愛而同居，每天生活在一起，親密無間，但同居生活過了一段時間，日常互動成了習慣，新鮮感漸無，刺激感消失，雖有形體上的靠近，心靈的相連與溝通容易被忙碌及理所當然所取代，本來就容易產生親密危機，若有一方失業，終日沉迷電視及電玩，也許是自暴自棄，或者是暫時麻痺自己，這時他已自顧不暇，哪有心情顧到枕邊人的感受？於是接吻不再，性愛停止，身心親密危機就會接著出現。

6.婚姻觀

每對伴侶同居的動機不同，有人是不顧一切只想在一起；有人則是試婚，若相處得好，可以往婚姻邁進；有人是以同居為生活目的，想要共同生活一輩子，不在乎那紙結婚證書；而大部分年輕人之所以同居，都是因為「我們相愛，反正遲早要結婚，那就先住在一起好了！」以結婚為前提本是好事，雙方更應該在同居生活中真誠相對，學習尊重、體諒、分享苦樂，致力於「好的開始是成功的一半」，準備進入優質婚姻。

7.未來規劃

　　同居生活的詭譎在於既是未婚又非單身，各自有自己的工作、交友圈及生涯，不一定會融入對方的社交圈，也比較顧到自己的生涯發展。如果未有結婚打算，就很難有心將兩人的生活融合成真正的共同生活，例如未來換工作時的地點考量、婚後居住地點、事業發展與家庭建立的平衡點，及與對方原生家庭的相處等等，倘若各自以自己的生活為主，一旦有特殊因素介入，通常是先為自己想，關係易受影響。

生活中的每個細節都要為自己與對方設想

　　案例中美美的男友大明失業，原本是暫時性，年輕人找新工作是正常現象，但檢視以上七大議題後，就可瞭解到他和美美的關係危機不僅是經濟問題，而是經濟問題所引發的原本就藏在兩人之間的問題，凸顯各自的個性與兩人的合適性。

　　大明的生活脫離常軌，心理呈現退化現象，躲進自己幼稚的世界中，而美美為了使生活維持常態，把所有的事情攬下來，弄得身心俱疲，有苦無處訴，忍到極點，只好求助於婚姻諮商。

　　從現實面來看，美美應立刻節流，停掉有線電視及高速網路租約，及其他不必要的開銷，要用網路的人可以自己買網路卡，也可杜絕大明沒事在家享受「免費」的視聽娛樂。

大明可能會因此暴怒，但美美必須堅定地表示，她一個人的收入無法負擔所有的生活開銷，這樣做是不得已的。

從共同生活面來看，美美與大明共處的生活已無正向面。他未積極找工作，也視美美的勸說與溝通為嘮叨，更不願意做家事，這樣的同居生活已經失去原來的意義，且美美也無法繼續負擔全部的費用，此時最好的做法是兩人好好的懇談協商，各自搬回自己父母家住，既可暫時度過經濟難關，又可冷靜兩人關係。不論大明同意與否，美美得率先打包，退租搬離公寓。

在這段冷靜期間，美美得回顧同居生活的細節，尤其是生活面家務事，重新審視大明的個性、金錢觀、婚姻家庭價值觀及兩人的合適性，兩人沒住在一起，有時間空間的相隔，若要分手可聽其自然，慢慢淡去。美美若要給自己及大明一個機會，則可以像朋友一樣來往，心平氣和地討論生活中及感情上的諸多議題，同時也鼓勵大明去找工作，騎驢找馬，恢復心理振作，經濟獨立。

不論是戀愛同居或結婚，男女雙方要的都是一段穩定的感情關係，而欲進入長期關係，承諾與投入是重要的概念與行動。既然是共同生活，日常生活中每個細節都得為自己及對方設想，每一天、每一個行動都是在為感情/婚姻關係打基礎，也就是秉持著誠信與承諾，努力經營好兩人關係。

⑬「結婚、離婚、再婚」三部曲

> 婚姻中的兩人要學會以正確角度來看待離婚家庭與目前家庭，才能共同努力來經營進行中的婚姻關係。

結婚本是人生大事，但現在離婚的人多了，結婚、離婚和再婚成了人生新三部曲，這個過程包含多少歡樂、痛苦、失望、絕望、心酸及希望，也牽連了身邊許多重要他人。照理說，當事人經歷這些事應該能較世故，也對人生有不同的看法，更珍惜現在所有。大明本來是這麼想的，直到他與四年未聯絡的前妻誤會冰釋後，他變得貪心，想要兼顧兩個家庭，然而前妻的要求、現任妻子的不安，及女兒們的盼望，讓大明疲於奔命，也心力交瘁。

老公 大明的苦經

離婚三年單身的煎熬與苦楚在再婚那一天就告終了，我決心要與英英廝守終生，並視她的女兒小玫為己出。新婚一年也是齟齬不斷，畢竟單身／單親慣了的兩個人要共同生活不容易，好在兩人都有共識，要好好經營這個家。

當前妻美美為了兩個女兒想見爸爸，在父親節前夕傳簡訊說想讓我們父女相見，英英如五雷轟頂，從這一天起就產生了極大的不安全感。而我卻是雀躍萬分，與美美母女約在麥當勞見面，看到前妻努力地向女兒「推銷」爸爸，還藉故去上廁所打電話，讓我跟女兒有時間單獨相處，令我感動不已。後來又發現前妻除了上班，就是專心帶兩個女兒，並未交男友或想再嫁。我從英英身上看到單親媽媽的辛苦，突然間同情心與愛心齊發，決心要好好照顧她們母女。

　　表面上每月探視女兒兩次，每次探視英英就要跟去，我都得費盡唇舌安撫她，解釋說女兒還小，美美必須陪同，她只是女兒的媽媽而已。然而當一家四口團圓時，頓時成了一個臨時的完整的家，每次見面都超過規定的四個小時，吃完晚飯還買了很多東西，四人才依依不捨地分開。

　　也不知怎麼搞的，我常在午休時找前妻出來吃飯約會，送她禮物，有時還去等她下班，送她回家順便看看女兒。我當然是一再告訴自己，前妻家庭與後妻家庭一樣重要，我都要盡量地付出，但絕不會減損對目前家庭的愛。

　　儘管每天回家前都會刪除通話記錄、手機留言及照片，但百密還是有一疏，英英在手機上看到一張我們四人的合照，醋勁大發，積壓的情緒瞬間引爆，之後堅持由她陪同我去見兩個女兒及前妻。現在我所有心事都向前妻傾訴，從她

那裡得到很多安慰，日子就在兩個家庭牽扯中走過了半年。

老婆 英英的焦慮

明知大明愛抽菸、喝酒，且喜歡上網購物，我還是相信他是個顧家的好丈夫，享受他的追求與照顧，尤其他對我女兒小玫的生活起居與功課指點更是無微不至。讓我決心要脫離單親家庭生活，也給小玫找個新爸爸，才充滿期待地再婚。事實上我們也一直在磨合，誰知這份安全感卻因他前妻的出現，被破壞得蕩然無存。過去大明心中太多怨恨，從不提為何離婚，我就以為他跟我一樣，想切斷過往只看將來。現在他重建與美美單親家庭的關係，雖是有報備，卻是避重就輕。

看到他們一家四口的合照真令我抓狂，在婆家小姑桌上看到她和前嫂子及兩個姪女的合照也令我不悅，小姑也和我們一家三口照了很多照片，為何就不擺我們的合照呢？四年沒往來，現在前妻和兩個女兒週末會往婆家跑，是想和我爭寵嗎？我承認我不會奉承，也有點怕婆婆，我只想和大明好好地過我們一家三口的幸福日子。現在這個前妻出現了，有如一顆不定時炸彈，不知道什麼時候會出事？這種事我既不能求助於婆家，也不方便向娘家開口，只能自己每天擔驚受怕！

前妻 美美的不解

　　過去年輕不懂事，對大明有許多誤解，四年的單親生活讓我看到小孩對父親的需要，所以我主動冰釋前嫌，然而他已經有了新家庭。我並不想去破壞他的家庭，但他似乎有意重燃舊情，在週末公開的會面外，另外還找時間約我出來，好像我是小三，在做壞事一樣。我們都是在公開場合見面，他現任的老婆為什麼那麼愛吃醋，給大明如此大的壓力，我好心疼。

　　再說，父女定期見面乃人之常情，我們一家四口相聚出去玩，她憑什麼想跟？是想監督我們嗎？她享有多數的家庭時間，我卻只有短短的家庭相聚時刻，她還有什麼不滿足？而大明送我禮物、請我吃飯、載我回家也是人之常情，又不是我開口要的，他應該坦然，不必擔心讓老婆知道，我真的覺得他老婆不識大體，整天疑神疑鬼的。

　　由於我和大明和好，兩個女兒得以承歡爺爺奶奶膝下，兩老做美食買衣服給孫女，而前公婆及小姑也對我非常好，有時週末女兒們還吵著要去爺爺奶奶家玩，我得跟大明敲時間，免得兩個女人相見尷尬，我承認自己還蠻享受大明的照顧。

專家的意見

複雜的關係讓每一個人都成為輸家

　　公說公有理，婆說婆有理，每個人都站在自己的立場說話，最苦的應該是後妻英英了，因為她自己的女兒在身邊，且與前夫恩斷義絕，她很難體會父女相思之苦，總覺得前妻率領女兒侵入她的家庭與生活，且直覺大明對前家庭的關心與照顧，再加上在婆家看到前家庭回去團聚的證據照片，她覺得自己人單勢孤，原本屬於自己的丈夫，現在居然有一半的心放在前家庭上，英英真的恨死美美了，以致於常和大明吵架，阻力反而成為助力，把丈夫推往前妻身邊。

　　而美美卻覺得還給女兒們親情是她該做的事，她覺得「前夫前妻的關係能自不相往來的仇人，進展到不時見面的曖昧朋友，也是兩廂情願的啊！這樣不是對孩子比較好嗎？大明都已經再婚，我又能怎樣？」，她與大明的互動呈現未離婚前的婚姻狀態，是一種慣性互動，且常以正宮自居，並以此來看待英英的「無理取鬧」，以捍衛女兒享受親情之名，讓這種關係自然發展下去。

　　大明則因為太顧家了，失而「復得」的前家庭關係讓他如獲至寶，十分珍惜，但也重視已給承諾的新家庭，又要照顧兩個女人的情緒，工作之外完全沒有自己的休閒，不是抽

空陪前家庭成員，就是盡量伴著新家人，還得將時間安排得當，金錢適當分配。明知前妻是英英的死穴，他還是冒著隱瞞的風險跟前妻約會吃飯，補償她四年來的感情空窗，這就是大男人的英雄主義毛病！

婚姻絕不是兩個人的事，而是兩家人的事，大明的婚姻三部曲已經演變到多個家庭受影響，他的所做所為可謂牽一髮動全身，對身邊家人的生活與心情改變負面多於正面，長此以往必會爆發家庭戰爭。後家庭有可能解組，前家庭也不見得會復合，若是如此，則每一個人都是輸家。

改變認知，劃清人際界線

解鈴還需繫鈴人，大明要有充分的自覺，改變認知，劃清人際界線，修正現有的一些行為，才能有健康的前家庭與健全的後家庭。以下從婚姻諮商觀點分別說明：

1.夫妻關係：大明與英英目前的夫妻關係應是他生活的主軸，兩人朝夕相處，英英自然會嗅出他外移的感情，大明光是安撫沒用，他必須以行動來證明與前家庭的互動為適可而止，他可以邀請兩個女兒到家裡來玩，讓英英接納她們，並與英英的女兒認識及互動。

2.前夫前妻關係：大明與美美應認清兩人的婚姻關係都過去了，目前的關係是孩子的父母及朋友關係。大明所謂的

照顧只是私心，他沒想到這樣是在阻撓前妻再交男友，而美美的正宮心理也是出於報復，她情緒上未自覺已離婚，現階段若陷進去，未來就會要求更多，當大明無法給時就會反目成仇，對孩子又是傷害。

3.前妻後妻關係：兩個女人無需見面或互動，但也不必仇視或嫉妒對方，同為女人，應為對方設想並祝福。離婚的美美應尊重大明的新家庭，不逾越朋友分際，專心經營自己的單親家庭，才能贏得英英的信任與尊重，而英英在丈夫面前也可表現出對他與前妻的兩個女兒的疼愛及對她們母親的關心，以減低美美對她的防衛與敵意。

大明與英英的婚姻可說是危機四伏，經常上演妻子吵鬧、丈夫安撫的劇碼，並不是健康的家庭互動模式。英英覺得自己的婚姻受到威脅，就應該在爭吵之餘向大明建議一起去做婚姻諮商，在諮商過程中整治自己的心情，提示大明的自我覺察，兩人要學會以正確角度來看待離婚家庭與目前家庭，共同努力來經營這個婚齡尚淺的家庭關係。

14 化積怨，為兒女祝福

> 　　兒女雖是父母身上的肉，卻已分化成獨立個體，有自己的思考及生活方式，包括婚與不婚的選擇，父母與其憂心兒女的婚姻狀態，不如多花心思規劃自己的晚年生活。

　　社區中心要辦重陽節敬老活動，鄰近的媽媽們前來幫忙，一邊整理耆老名冊，一邊布置會場，人多熱鬧，大家互相問好之餘，免不了閒聊，幾位太太目光不約而同集中在王媽媽身上。

　　「聽說妳兒子最近結婚了？」

　　王媽媽忍不住抱怨：「我是被迫當婆婆的，娶了個滿身風塵味的女人回家，嘴巴甜得很，阿母阿母的叫個不停。」

　　於是大家七嘴八舌地說道：「是風塵女郎哦？」

　　「妳兒子又不是富二代！」

　　「妳兒子娶妻，他喜歡就好啦！」

　　「她會叫妳阿母就表示認你這個婆婆啦！」

　　王媽媽無奈地說：「她不是風塵女郎，只是當過兩次小三，所以到四十歲都未婚，跟我兒子坦承過去，說想定下

來，想要有個自己的家，我兒子又特風流，女朋友不斷，四十五歲未娶，居然栽在這個女人手裡。我當初不贊成，他還理直氣壯地說，人生已過大半，他要過自己的生活，不讓我干涉。如果他爸爸還在的話，一走會和他脫離父子關係。」

李媽媽立刻插話：「妳媳婦至少誠實以告，兒子也對你坦白，說起來我還比妳命苦，我不但被迫當婆婆，還被迫接收了一個沒有血緣的孫子！」

太太們的注意力頓時全轉到李媽媽身上，她接著說，「我兒子讀完碩士就在美國找到工作，這是天大的好消息，但他同時也告訴我們已和一個從香港去唸書的女孩登記結婚，答應聖誕節時一起回台灣宴客。他堂姊正好去芝加哥出差，順道拜訪新人，才發覺新娘是大我兒子三歲的單親媽媽，帶著一個遲緩兒。我現在不要他們回來台灣了，我怎麼有臉面對親友呢？」

「是啊，李太太，妳兒子怎麼這麼想不開？不過妳自己可要想開啊！」

「好在他們住在美國，眼不見為淨！」

「可是如果他們生一個小孩，妳會去美國幫媳婦做月子嗎？」

「唉，妳兒子可能要花很多金錢跟時間還有心力在那個

油瓶兒身上呢，但那也是他的選擇啊！」

眾人你一句我一句，有火上加油的，也有同情與安慰的。李媽媽雖是紅著眼睛，但心事總算能稍微抒發了。

接著，一向安靜的杜太太說話了，「不管怎麼樣，妳們的兒子有娶媳婦，總是一家人熱鬧，即便沒住在一起，也是每天有事情可念想，傳宗接代也有盼頭。媳婦是兒子選的，妳反正也無法干涉，就像媳婦無法選擇婆婆一樣啊！還是我最命苦，兒子今年三十八歲了還沒成親，工作是很忙，下了班就回家睡覺或上網，問他為何不交女朋友，永遠給我『就是不想交』的答覆，我們兩老真是拿他沒辦法！」

曲太太也幽幽地吐出，「其實我們家才慘，兒子十年前結婚，媳婦打死不生小孩，他唯妻命是從，卻斷了我家後代，女兒今年也三十五了，公司裡雖有男同事，卻無男朋友，問她是不是女同志，她一口否認，事實上也不像，但也夠讓我煩心了。兒子搬出去住，女兒雖住家中，也沒什麼互動，家中有夠冷清的，我只好到社區來找人說說話了！」

人們總對於得不到的東西產生失落感

以上四位媽媽在偶然的機會被觸動心事，乃大吐苦水抒發心情。子女的終身大事沒能達到期望，每一位媽媽心中都有無可奈何的痛及不滿，孩子結了婚帶來負面的意外驚訝，

沒結婚的也一直在折磨父母的心情。只有當局者才能感受那份苦楚與失望，總覺得別人的境遇比較好，自己的狀況才是最慘的。

　　人們對於得不到的東西會有失落感，會越想得到，尤其看到旁人擁有，就覺得自己儘管什麼都不缺，卻是不能擁有渴望的事物。這些媽媽亦然，傳統社會文化中，子女成家立業，兩老抱孫享天倫即為家庭傳承的幸福寫照，她們辛苦將子女養育成人，接下來盼的就是他們結婚生子，家庭生活熱鬧和樂。結果多年企盼不但未能實現，取而代之的是滿腔失落與失望。

王媽媽的心態需要調整：
體會兒子的心境，讓他們走自己的路！

　　當過兩次小三的女人，可能是因為對愛情太死心眼，明知山有虎，偏向虎山行，當然無法修成正果。她被弄得滿身傷，心中有大欠缺，就想找一個真正的身心歸宿，結果與王媽媽的兒子情投意合，願意攜手共度未來的人生，王媽媽應體會兒子的心境，小夫妻都已經是四十歲以上的成年人，讓他們走自己的路吧！

　　如果婆媳雙方都能本著愛屋及烏的心來愛對方，自然就會家庭和樂，但關鍵在於婆婆。王媽媽若能先向兒子表示愛

其所愛，願意接受新媳婦，兒子必然感動於母親的態度轉變，很高興地與愛妻分享，媳婦就會去掉對婆婆的防衛及畏懼之心，這是打開婆媳關係的第一步。

王媽媽表面功夫做得漂亮成功之後，就得來處理自己的內心衝突了，也就是心理學上的認知重建。媳婦歷盡感情滄桑，應已磨練出成熟心態，她要的不就是一個避風港、一個溫暖的家？如果母順子心，一起提供一個這樣的環境給她，在共同努力的互動中，有了瞭解及陪伴，就會有感情，進而發展成親情。

李媽媽的心態需要調整：
將兒子的婚姻轉化為自己成長的動力

媳婦竟是離過婚，且帶著一個遲緩兒，對李媽媽來說真是晴天霹靂，還未見面就抗拒不已，兒子的隱瞞更是刺傷她的心，就更難接受新媳婦了。只是天高皇帝遠，她只能在電話中罵兒子，且生米已煮成熟飯，只好把怨恨悶在心中。她不僅希望媳婦自兒子生活中消失，且幻想兒子能娶到名門閨秀，在眾親友面前才有面子。現在的李媽媽當然很不快樂，且負面思想引發的情緒越積越多，成為她生命中不可承受之痛。

對於這種困境，李媽媽的先生和家庭成員及身邊好友不可火上加油，不妨先順著她的心，說她原本對兒子婚姻的期

望是理所當然的，然而兒子在國外讀書，受到先進國家開放風氣的影響，對很多事情的看法改變了，離婚、單親及帶孩子下嫁都不是他妻子願意的，但情況已經這樣了，且孩子是遲緩兒更是無辜之罪，畢竟每個生命都是平等的啊！

離婚或單親並不會減損一個人的價值，兒子之所以會愛上妻子並與她成婚，必定是欣賞她的聰慧、堅毅及其他正向特質，兒子心胸寬大慈悲為懷，願意視遲緩兒為己出，照顧他撫育他，這是多麼了不起的情操，李媽媽應以兒子為榮為傲。因此，李媽媽若能轉換想法並與兒子分享，兒子必定激動涕零，衷心感謝母親。兒子的婚姻可以成為媽媽的成長動力，端視李媽媽是否願意改變想法。

杜媽媽與曲媽媽的心態需要調整：
尊重孩子的「宅」生活，多建立良性互動

「男大當婚，女大當嫁」的觀念已成現代社會迷思，不少男女選擇單身或被迫單身，造成遲婚或不婚的現象，急壞了不少父母。父母有「不孝有三，無後為大」的擔心，家中人丁不旺的顧慮，及難以面對親友詢問的憂心，總是一再催促，甚至幫忙安排相親，殊不知，父母相中的人，通常不是孩子心儀的對象，且過分熱心會造成孩子的壓力，助力反而受到反彈，影響了成人親子關係。

子女若選擇單身，表示他們樂意享受單身生活，有自己的生活方式及朋友圈，並不憧憬婚姻家庭，何況三、四十歲亦不算老，也許到了五十歲會改變心意也說不定。而被迫選擇單身的子女，個性使然興趣不廣，人際關係不佳，過著宅男宅女的生活，父母絕不能指責或催促，要尊重他們，再試圖融入他們的生活，建立良性互動，促使雙方瞭解，至少要讓他們享受成人親子關係，父母欣慰，孩子也有管道可抒發，家中人丁雖不旺，氣氛可以很溫馨。

　　「兒孫自有兒孫福」這句話最適用於現代社會了，父母與其憂心或痛苦子女的不婚或不適己意的婚姻狀態，不如多花心思規劃自己的中年及晚年生活。兒女雖是自己身上的肉，卻已分化成獨立個體，有自己的思考及生活方式，包括婚與不婚的選擇。現代人較長壽，與其鬱鬱不樂累積苦楚怨恨，不如衷心祝福他們，一如往常地慈愛對待，永遠要給他們一條退路，他們遲早會感受到父母的苦心與愛心。

15 爸爸缺席的日子

> 　　不論是父兼母職或母兼父職，只要心態正確，家庭生活正常、親子關係良好，單親也可以營造一個健康的家庭。

　　婚姻研究顯示，「在父母不和的雙親家庭中長大的小孩，比在健康單親家庭中長大的小孩容易變壞」、「單親家庭雖不完整，但可以是很健康的」，這些定論都有實證支持，不論是父兼母職或母兼父職，只要心態正確，家庭生活正常、親子關係良好，單親也可以營造一個健康的家庭。

　　然而單親家庭畢竟是不完整的，缺席的那一方不僅帶給離異的配偶傷痛與怨恨，也帶給孩子失落與空白，隨著歲月的疏離，形成個性上的特質，造成一生的影響。一般而言，孩子多跟媽媽住，缺席的那一方通常是爸爸。

案例一 父母離異該不該對孩子說？

　　小明的父母大學畢業後不久即結婚，他四歲時父母離異，父親因顏面關係及避免前妻糾纏，應聘至中國昆山台商處工作。他現在讀小四，自小到大，母親始終告訴他，爸爸

在昆山上班非常忙碌；父親想要回台探視兒子，前妻就是不肯，寒暑假帶回屏東娘家住，只有在兒子生日時爸爸才能帶他單獨外出用餐，並買一大堆禮物給他。

小明不只一次問到，「爸爸什麼時候才回來家住？」媽媽總以爸爸工作太忙來搪塞，其他什麼也不說，而爸爸老是說，「等你小學畢業，爸爸帶你到昆山來度假！」小小心靈知道問不出答案，心中卻是充滿疑惑，父母總認為孩子還小，不需告知真相，也不知該怎麼說。但不管說與不說，同樣都會傷害小孩的心，阻礙其正常心理發展。

案例二　將失婚的怒氣發洩在孩子身上

美麗和弟弟大同小時候，爸爸即隨二奶赴美國定居做生意，不肯離婚的媽媽一直嚴加控管兩個小孩。下了課就關在房裡不准出去，孩子頂嘴她就去學校鬧老師，還在教師辦公室當場撕了女兒的週記。媽媽不工作，靠著爸爸每月給的生活費，規定孩子做全部的家事才有飯吃，連後來上大學也被監督不准交異性朋友。

兩個孩子雖然恨爸爸，但需要爸爸的金錢資助，大學一畢業就出國念書，美麗拿到博士學位在某大學教書，弟弟拿到碩士學位後，被心中的原罪壓迫著，萬分不願意但也無可奈何，覺得自己是家中獨子，應陪伴母親，只好回去與媽媽

同住，卻不敢交女友。

原以為天高皇帝遠，美麗在每週一次的母女通話中，被母親的教誨內化了，仍感受到母親的控制，後來爸爸生意失敗，帶著二奶回台灣去了。

某天二奶來電告知爸爸得了末期癌症，癌細胞已擴散到全身，美麗立刻趕回去，姊弟倆待在病床前，決定原諒這個有名無實的父親。他們回憶兒時沒有父親的日子，母親視兒女為禁臠，將失婚的怒氣發洩在孩子身上，他們年紀小不會說，也不敢說，所有的情緒與想法都往肚子裡吞，只知道要聽話，不可以讓媽媽生氣，對於父親的角色則是很模糊，長大後則視其為經濟來源，理所當然的補償，以支付學費及生活費。

說著說著，姊弟倆情緒大為觸發，抱頭痛哭，半睡半醒的父親也流下兩行淚，虛弱的說，「孩子，爸爸對不起你們，爸爸不在身邊的日子你們這麼苦，為什麼從來不說呢？」原來爸媽各自以不同的方式在傷害自己的小孩。

病危的爸爸知道錯了，成人親子關係得以和解，很像電影中的情節，卻是真人真事；但媽媽卻毫無自覺，仍然生活在怨恨丈夫與控制兒女心靈的狀態中。

案例三 誠實面對自己，才能解放心靈

教學認真、研究產量豐富的李教授也有類似的遭遇。爸

爸自他小學到成人都缺席，一生中相處最長的時間就是他結婚那天，長達八小時的相聚。多少年來他和妹妹都過著沒有爸爸的生活，早就習慣了。媽媽年輕時每天咒罵與小三遠赴日本的丈夫，耳提面命孩子長大後不可當負心漢或狐狸精，小孩似懂非懂，只覺得這兩種人很可怕！

很怕同學知道他爸爸跟別的女人跑了，李小弟在學校一直都很低調，話不多更不敢出風頭，是眾人眼中的乖小孩，也很用功，同學有問題問他，他很樂意幫忙，但很少主動交朋友，雖人緣不差，但人際關係卻都平平，他只知道要認真念書，成為一個有用的人，才不會被瞧不起。除了在單親家庭扮演孝子、好哥哥之外，他一路在國內讀到博士並留在母校執教，而後娶妻生子，並侍奉因失婚絕望而篤信佛教的母親，生活倒也平順安樂。

有一天他在路上巧遇兒時的鄰居王大哥，兩人在咖啡廳興奮敘舊之時，王大哥的關心突然勾起他小時候的悲傷回憶，一邊訴說，一邊發洩。李教授才了解自己為什麼會主修園藝，成為一名花草樹木專家。原來，本就喜歡大自然的他，唯有徜徉在花草之間才能平和靜心，感到世界的美麗。只要悉心照料，植物都會長得茁壯美麗，在太陽光中綻放出亮麗色彩，在微風中向人招手，自己一直享受著這樣的花草世界。

　　李教授這才恍然大悟，原來自己一直都在逃避過去，真實發生過的是醜陋也好，悲慘也罷，他始終都只在做半個自己，那個真實的自我被壓抑了好多年，該是要面對的時候了。有了這般洞察之後，他突然覺得心放開了，接納自己有好多議題要處理的事實，回家告訴太太，說他已經決定要去做心理諮商，整理自己的過去。

專家的意見

因為曾經的缺憾，更要守護自己的婚姻

　　父親缺席的日子，如果是因為夫妻不合離婚，則不論時間長短，對孩子的影響都會非常深遠，有可能是一生的痛。現代社會外遇與離婚的案例越來越多，即使夫妻反目成仇，協商離婚條件之際，一定要對「如何在離婚後各自/共同照顧及愛孩子」的議題上有共識，並身體力行。

　　丈夫帶著二奶遠走他鄉築愛巢，被拋棄的妻子必定怨恨傷心，帶著負面情緒撫養孩子，自己不快樂，孩子也會有壓力。這是對孩子最具傷害的離婚後情境，電影或電視劇中常有父親到了老年時，才想到要找與前妻所生的孩子，即使找到了，兒女也不領情，發展出後半段的恩怨故事。因此這類爸爸一定要引以為戒，不論在何時何地，必定要想盡辦法對

不在身邊的孩子們表達關心、愛意與思念。

現代資訊傳遞如此便利，寫訊息、看視訊、通電話，甚至傳統的書信，要寄卡片、照片或快遞禮物都行，當然，前提是媽媽要有共識，不去阻攔父親對孩子的愛，她不應以個人恩怨來剝奪孩子享受父愛。

前夫前妻的關係對孩子亦有影響，媽媽若一天到晚咒罵爸爸，明明爸爸在孩子心中不是那樣的人，但他人不在家裡，無法問他，日子久了，孩子不是被洗腦了，就是心中產生衝突，表面上順從母親，卻越來越看不見真實的自己。

婚姻不論好壞，孩子就是「曾經夫妻一場」的證明，既不是單親母親的私有物，也不是傷害前夫的利器，而是各自人生的福報。本來離婚後男婚女嫁各不相干，但祝福是必須要的，唯有以孩子的福祉為上，試著成為「孩子的爸與孩子的媽為了孩子而交往」的那種朋友，則孩子可以自父母身上感受到和平與愛心，也較能接納父母身邊的繼母或繼父。

人生中曾有過爸爸缺席的成年人中，有人悲憤於來自破碎家庭，變得不信任婚姻，只願追求短暫的親密關係；也有人封閉自己麻木不仁，一樣結婚生子，運氣好的婚姻幸福家庭美滿，運氣差的就吵架鬧離婚，且將原因歸咎於父母不幸的婚姻；但也有一種人，因為人生曾有缺陷，所以誓言守護自己的婚姻，保護自己的孩子，要讓自己的後半生過得幸福美滿。

16 準婆婆發威，準媳婦接招

> 調和未來婆媳的關係，男方若懂得攻心為上動之以情，幫助女方漸進式的調整與適應，就能讓女方慢慢融入婆家，讓婆媳一家親。

　　婚姻解組的原因很少是單一問題，通常都是多重因素累積到一個極點，再也不能忍受了，就會有一方或雙方都想離開婚姻。根據研究，除了個性不合，彼此間無法溝通外，姻親問題佔第三高危機，其中就以婆媳問題最會影響婚姻，其他的姻親關係雖會造成家庭人際困難，但影響沒有婆媳問題那麼深遠。

情侶交往時就要對婚姻生活有所規劃

　　日前報載一名準婆婆主導未來媳婦婚姻生活的實例。在某大公司擔任主管的A女，三十二歲，與男友愛情長跑十年，決定步入婚姻，但準婆婆堅持媳婦入門後要與公婆同住，且她急著要抱孫子，居然直闖準媳婦公司，指責她遲遲不遞辭呈，要她立刻照做，並在眾目睽睽之下，拖她去做健康檢查。對於這一切，男友只是要她忍耐，並說「以後我媽

就是妳媽，照她的意思就沒事了。」

　　A女感到孤立無援，開始食不下嚥，夜不能眠，面對婚禮籌備也變得消極無奈，更排斥他人對結婚的祝福，甚至常常沒來由的暴怒或大笑，狀況長達兩個月，經求助精神科醫師診斷為「婚前憂鬱症」。

　　A女與男友認識並交往甚久，前面幾年小兩口忙著談戀愛，都在外面約會相處，但後幾年必定會走進雙方家庭，由做客變成半個家人，應該與男友家人有不少互動，難道她沒看到婆婆的主導性格，沒感覺出男友在媽媽面前懦弱不敢吭聲嗎？還是兩個人不顧現實，只一昧做自己的結婚大夢？婚後居住地點及生育計劃應是準夫妻在婚前就要討論出結果的。這看起來是準婆婆一廂情願，小兩口沒有聽從，她忍無可忍，遷怒於未來媳婦，才會闖到她上班的公司發飆。

　　健康檢查是小事，準新人在婚前做健康檢查不光是為了下一代的優生考量，任何小毛病及早發現、及早治療都是好事，但雙方要有共識一起去，不能用逼迫的，準婆婆怎能強拖A女去呢？至於逼提辭呈則是侵犯人權，A女總算看清楚了男友母親的蠻橫、霸道與自私，也看到了未來沒有自我的婚姻生活前景。她若嫁給男友，其實是嫁給婆婆，一切都得聽她的。

　　被準婆婆傷害，對男友失望，對婚禮排斥，突然感到前

途茫茫，心情鬱悶到極點，老是在想十年愛情長跑究竟為了什麼，A女覺得不值，傷心難過，終日以淚洗面，得了憂鬱症。此時的她應接受心理治療，減低憂鬱情緒，儘快恢復正常心情與生活，所以與男友商量先將婚禮喊停或延後，因為結婚後就要與婆婆連結在一起，而婆婆就是她的壓力源。

而後兩人恢復戀愛時的交往，凡事分享與溝通。A女接受心理治療也可順便做心理/婚姻諮商，問問自己到底要什麼樣的職業生涯與婚姻生活。放棄主管工作及高薪，住到婆家去生養小孩，侍候丈夫全家人，而丈夫只有在臥房內屬於自己，過這樣的傳統式婚姻/家庭生活，自己會快樂嗎？很明顯的，男友要從原生家庭，尤其是母子關係中分化出來，需要極大的勇氣，他能嗎？

因此，小兩口也得深入討論個人的抱負及對婚姻的期望，不用急著得到結論，可一邊交往一邊交流，A女自己也得仔細想想，同時給男友鼓勵及支持，希望時間可以讓他領悟，醞釀與母親談判的勇氣。兩個人要一起面對，爭取他們的未來，如果男友還是沒有擔當，婚禮就可能無限期延期了，因為結婚是不能有一點猶豫或擔心的。

職場女強人轉身成持家好媳婦

另一個真實案例中，B女也面對類似的壓力。由於面貌

血緣、姻緣，聚一個好緣

姣好中英文俱佳，有笑容又機智，二十八歲就在公關公司擔任部門主任，她非常享受繁忙的工作，加班超時從無怨言。兩年後男友自美學成歸來，母親急著抱孫子，催促兒子儘快完婚，B女答應老闆把一個大案子完成才結婚，沒料到準婆婆透過兒子傳達三項命令：1.不准加班；2.要學做菜；3.儘快辭職。

由於婆婆是單親，辛苦將一子一女拉拔大，自己苦撐一家工廠及三個門市部，女兒遠嫁日本，不想回來，好在兒子孝順，願意接手家族事業，所以B女早就知道婚後要住在婆家陪伴婆婆，只是沒想到她得辭職，且需操辦一家人的伙食。自小到大未煮過一頓飯的B女，在自己母親的鼓勵下，一下班就奔去烹飪補習班學廚藝，剛開始覺得痛苦，什麼都不會，後來就慢慢進入狀況，想想學烹飪是一生受用，也就釋懷了。

倒是辭職一事，男友以柔情攻勢，軟言拜託，B女知道男友必受母親很大的壓力，她也知道只要成為一家人，跟著男友孝順她，與她和睦相處，婆婆會視她如己出，只是覺得放棄自己喜愛的工作實在太可惜，也捨不得，更覺得對不起大力栽培她的老闆，相當傷心，經常掉淚。她自己勇敢地去求準婆婆，再給她半年時間，婆婆愛面子又要做人情，就答應讓她做到過年前就辭掉工作，其實也才差一個多月而已，

B女雖不情願仍心存感激。

　　婚前那段時間，應男友要求（其實也是準婆婆的意思）搬進男友家住，B女和男友久別勝新婚，打得火熱，又要學習扮演媳婦的角色，小心翼翼地與準婆婆互動。她早就自男友處得知他母親的能幹與能耐，軟中帶硬，長袖善舞，眼光深遠，既佩服又害怕，但因乖巧有禮貌，準婆婆也是吃軟不吃硬，耐心和藹地教導她家中大小事。但無論如何，要把別人的家在短期間內當成自己的家真是不容易，B女用心學習，也很快熟悉每件事，獲得準婆婆歡心。

　　婚禮舉行了三次，北部男方親友，南部女方親友，以及B女原來任職的公司同事及大學同學、朋友，婆婆的意思當然是宣示主權，從此媳婦成為王家人，揮別單身與過去，但B女覺得婆婆很懂人情世故，給足她面子，也體諒她就是想要兒子成家，家中人丁旺，心裡也就更接納婆婆了。只是沒想到，婚後中餐、晚餐都要靠她打理，他們母子要趕上班，她則留在家中打掃、採買及煮飯，從婚前的職業婦女變成婚後十足的家庭主婦。

　　B女與先生感情好，他回到家會儘量幫忙，婆婆也從不阻攔，是先生的愛融化她的小怨，消除了她的擔心。她也會加入他們的母子互動，感受婆婆對家的重視及家和萬事興的期待，她更瞭解到傳統女性的想法，家人環繞、含飴弄孫就

是她的終極幸福，所以懷孕、生產、做月子都在婆婆指揮及月嫂的照顧下順利完成。

而B女除了妻子、媳婦的角色外，加上又成為母親，沒想到短短一年半的時間變化如此之大，從前那個生活浪漫又有事業心的女孩，已經轉變成為顧家愛家人、珍惜眼前幸福的踏實女性，也很期待婆婆要將她訓練為家族事業接班人的承諾。

選了丈夫，就得要了婆婆

婚姻如人飲水，冷暖自知。B女過得好不好，只有她自己知道，不過自她的分享，可以看出她是滿意於目前的婚姻生活，她的心態隨著丈夫與婆婆的要求一直在調整。她也知道選了丈夫就得要了婆婆，好在丈夫是兩個女人的寶，他笑口常開，輕聲軟語懂得串聯婆媳的互動，從不選邊站，把母親的意思說成是他的主意，也會把B女的想法說成是他的期待，婆媳都不覺得委屈，於是三個大人、一個小孩，家庭和樂融融。

從以上兩個案例可以看出其中的差別，A女的男友沒擔當，婆婆不懂得尊重兒子的未婚妻，而B女的婆婆透過兒子傳達使命，兒子攻心為上動之以情，同樣是辭職生小孩，B女是漸進式的調整與適應，也就慢慢融入婆家，過著傳統家庭生活，而A女則因被無理對待，積怨成疾，原本看好的戀情暫時就無法開花結果了。

17 親家可以不必是仇家

夫妻要同心承擔小家庭的責任，對於長輩不合理的要求要一起擋回去，但切記要低姿態、有耐心地說明他們的立場與態度，才能建立更好的家庭新關係。

年輕男女交往，自好感認識期到情感發酵期，都是小兩口在外見面，從事各種活動，也開始與雙方朋友一起玩，到了心有所屬，就會帶回家拜訪父母及吃飯。剛開始就像客人一樣，大家客客氣氣，當兩人開始談論將來，或者父母中意，漸有未來家人的感覺，本是好事，但若準婆媳不對盤，或者籌備婚事時雙方或各自父母有歧見，則會造成情侶之間關係緊張，暗流浮成表面衝突，本來沉醉在愛河的情侶，突然間覺得婚姻路難行，往後的日子難過，雙方家人也不開心。以下是兩個真實案例。

案例一　媽媽的憂慮

女兒已訂婚，年底就要結婚，然而準婆婆的言行舉止讓她覺得不受婆家歡迎。這位親家母甚至說一些有關我們家庭的不恰當言論，居然也不放過我，打電話來說擔心我女兒不

能成為好媳婦。我反問她到底喜不喜歡我女兒，她回答，「她是好女孩，我只是很難放開我兒子，怕他有了媳婦忘了娘！」

準女婿獲悉後，立刻向父母反映他們不該扯上未來親家。當時他們表示願意改進，但轉身就恢復要心機的本事，顯露想要控制小兩口的態度，如指責他們不應該藉有事而未參加家庭聚會，常寫電子郵件教他們怎麼做，甚至找親戚來一起圍攻。我不知如何幫助這對準夫妻應付難纏的婆家父母，尤其是那位準婆婆？

案例二 ▶ 姊姊的擔心

父母早逝，我一直與小我十歲的妹妹很親。她訂婚後不久就發現懷孕，所以兩人先去公證，打算等孩子生了再補請婚宴，只是男方家人，尤其是親家母，喜歡大場面，說結婚至少要請四十桌，生產時她和她兩個女兒也都要跟進產房。妹妹很不喜歡婆婆小題大做及愛四處廣播的行事作風，因此很焦慮，常向我吐苦水，我真擔心她的健康和胎教。

妹夫人很好，也很愛我妹，只是個性較被動，父母的話很少違抗，乖兒子總是說不過他母親，常對我妹兩手一攤，做無奈狀。我很希望婆家人能聽見我妹妹的心聲，尊重她的願望，但這事得由小夫妻去和他們說，請問我該如何幫助他們？

專家的意見

讓小家庭連結兩個原生家庭

　　〈案例一〉這位媽媽的擔心不是沒來由。女兒與男友感情好，如膠似漆，準婆婆看在眼裡吃味，一想到她快要變成兒子的枕邊人，有點心慌及不甘，就開始找碴。明知這個女孩不錯，但覺得光是當好情人、好妻子還不夠，必須是她期待的好媳婦，她也擔心到時兒子會維護太太，所以就先發制人，給準媳婦和親家母來個下馬威。

　　她這些行為當然會引起反效果，準媳婦心生害怕，乃向媽媽訴苦，造成母女心中反感。好在未婚夫明理，立刻指正母親的言行。父親當然是附和母親，他們只是嘴上敷衍兒子，掌控心理仍在，因此必須得小兩口同時出馬。每次父母（尤其是準婆婆）超越界線或不尊重媳婦時，就要一起擋回去，但要低姿態、有耐心地說明他們的立場與態度，表明夫妻同心承擔小家庭的責任，也一樣會尊重及孝敬兩家父母，所以請給準媳婦多一點空間與機會，學習婚後如何做個好媳婦。

　　這位擔心的媽媽可以鼓勵小兩口婚前多溝通，不要害怕多說話、多表達感情，對準公婆動之以情，給他們安全感，強調結婚組織小家庭，不是兒子跑掉，而是多了一個媳婦，

讓小家庭連結兩個原生家庭。兩代雖然不住在一起，心是相連的。這種話不是說一次就算了，而是要以不同的言辭或方式經常灌輸，父母聽多了就習慣了子女的態度，也就相信他們了，逐漸轉為安心與放心。

以愛情來發展勇氣與毅力，作為建立小家庭的基礎

〈案例二〉的姊妹情深，姊姊同情妹妹的遭遇，卻無法改變小夫妻的行為及與家人的關係，但可以鼓勵他們以愛情來發展勇氣與毅力，作為建立小家庭的基礎，保護其獨立性。也就是說，夫妻一體的關係是凌駕在所有其他家庭關係之上的，包括婆家的母子關係、婆媳關係，姊妹關係亦然。姊姊的忠告就是，身為新手父母，妹妹夫婦需要努力學習，為了孩子，就必須建立一個健康的家庭結構。

小夫妻可以先告知並請求產科醫生，生產時產房小，只能是丈夫留在產房，以免影響產婦情緒。然後再以同樣的內容告訴婆婆，感謝她及小姑們的關心，答應她們，除了父母以外，她們一定是最先看到嬰兒的家人。至於婚禮，本來可以不需要鋪張，小而美就很理想，但婆家人若人脈廣要面子，肯出錢辦四十桌婚宴，也無不可，就讓長輩完成替兒子風光辦婚禮的心願吧！

其實妹妹的難題遠大於生產及婚禮，婆家的姻親關係將

是她的一大挑戰。身為姊姊，除了支持、陪伴與鼓勵外，還得提醒妹妹，夫妻趕快學習建立一個明確堅定的界線，才容易克服婚後生活的難關。進入婆家成為婆家的一份子，對於一個正向、冷靜及斬釘截鐵的「不」要運用得當，且要能容忍無法取悅家中每個人的那種不舒服感。

婆媳問題通常是發生在婚姻中，婚後免不了與婆家互動，而婆家的代表一定就是婆婆，兩個不同時代的女人在同一個屋簷下，因觀念、做法不同而產生衝突是常有的事，只是這種事大都發生在從前。現在小家庭自己住，婆媳衝突的機會不多也不密集，互動也客客氣氣的，應該是問題較少，卻經常聽到婆婆在兒子結婚前後就展現不恰當的關切行為，如同上述兩例。

對婆婆要以柔克剛，攻心為上

不知道是不是每個女人轉成婆婆的角色之後都會變得如此不受歡迎，或只是刻板印象？以下試從現代社會現象加以分析：

1.少子化中的獨子：現代家庭大都只一、二個小孩，身為家中唯一的男孩自然從小到大都受到父母的關注，尤其是媽媽的寵愛。兒子要結婚，媽媽既高興又擔心，關切太多的事，表面是為兒子著想，其實是為她自己設想。

2.單親家庭母子相依：很多孩子是由單親媽媽含辛茹苦撫養成人的，明知兒子長大得立業成家，兒子及母親各自都很難自單親家庭分化出來，媽媽繼續要求兒子聽話，兒子也不敢反抗。

3.母親的優越感：生養兒子，拉拔長大，媽媽總覺得自己最瞭解兒子，擔心別的女人不會照顧他，出面管很多事，就變成了干涉。

4.兩個女人的競爭：兒子是母親的最愛，丈夫是妻子的最愛，兩個女人的關注都在同一個男人身上，有一種奇妙的競爭心理存在其中，算是爭寵吧！有了太太忘了娘，是做媽媽的最大恐懼。

5.本身是控制慾很強的女性：個性使然，原本就強勢能幹，主導性高，丈夫與孩子都生活在妻權至上的婚姻/家庭中。她認為兒子娶太太，既要成為家人，就要遵守家中規矩，而規矩全是她自己訂的。

婆婆的這些心理因素是可以被克服的，媳婦若能看清長輩行為背後的原因，不需害怕或怨恨她，而是要以柔克剛，攻心為上，向她保證絕不會因此失去兒子，而是多了一個媳婦/半個女兒，這除了小夫妻需一起向婆婆溝通下軟功外，兒子也得私下多跟媽媽聊天，給她安全感、信任感，自然就能有更好的家庭新關係。

18 無良親戚麻煩多

> 　　不需要分是誰家親戚朋友，面對問題時夫妻槍口要一致，態度堅決，言語客氣，讓聽者感受到界線，卻不覺得無情或被拒絕，才能修好姻親相處這門課。

　　現代年輕人結婚都喜歡自己住，最好是離某一方原生家庭不遠處，大都市裡尤甚。然而也有不少年輕男女當年北漂就讀大學，畢業後找到工作就不想回家鄉了，接著結婚生子組織小家庭，平常辛苦工作，處理家務及教養小孩，過年過節才隨著人潮擠車、塞車回老家團圓。

　　家鄉的父母以孩子為榮，辛苦存錢栽培他們受高等教育、找個好工作，成家立業，非常欣慰，偶爾帶一大堆土產北上探望，但老人家總希望孩子回家團聚，家鄉的親戚也很高興有親戚在台北，一有機會北上就要去拜訪或借住，也有弟弟妹妹因求學而搬入同住等，給小家庭增添熱鬧，卻也帶來不少負擔。

案例一 ▶ 文賓對來訪親友的抱怨

　　「我家離捷運站僅三分鐘步行時間，我與妻子住主臥

室，兩個小孩睡一間，另一間是書房兼客房。因交通方便，親友自南部北上都要求住我家。偶爾為之當然歡迎，但堂哥、堂弟、表姊等人放假或週末都常帶家人北上，小孩們玩在一起很開心，我們夫妻可就累壞了，尤其是堂哥一家五口，一住三天，我就得準備四大五小的一日兩餐，一週工作辛苦卻不得休息！我明示暗示要他們買菜回來煮，或去外面吃，但他們嫌麻煩，說在家隨便吃較自在，只買飲料及零食回來，我們平常也不吃這些。請問我這樣做會不會太過份？我們已快經不起被當成B&B了！（編按：Bed and breakfast，指提供住宿加早餐的飯店）」

案例二 ▶ 依玲對小叔的擔心

「台北生活開銷大，我們一家三口一直省著用，除每月生活費及房屋貸款外，盡量存錢準備兒子未來的大學學費及我們日後退休生活費，只是丈夫的么弟，今年三十三歲，也自南部北上，雖然有工作，但入不敷出，也不知道怎麼花的，每月生活開支，包括房租在內，竟要五萬元，我們家三個人每月總支出也不過四萬元，怪不得他月月負卡債。小叔的摩托車最近撞壞了送去修，只好搭公車上班，一直說想買新車但沒錢。

我很想教他如何量入為出，或者請丈夫私下與他談，教

導他削減開支試著存錢，我很怕他來借錢，我是否該騙他我們沒錢？另外，他肥胖且長相不佳，交女朋友的條件又高，很難找對象，也不容易找到好工作。我們夫妻都愛他，希望他過得好，請問我們該用何種態度對待他？」

專家的意見

住客要尊重主人家的生活

〈案例一〉的文賓，年輕夫妻結婚初始能買得起三房兩廳的公寓已經不錯了，家本來就不大，堂哥一家五口來住必然擁擠嘈雜，日常生活已被干擾，如果只借住幾天，早出晚歸也還好，但他們為了省錢或因帶小孩出去吃飯麻煩，居然仰賴主人家提供三餐，這就太過分了，竟然把鄉下好客作風帶到文賓家來了。

上門借宿的親友還不少，他們認定文賓在台北過得不錯，都想跟他見面聊聊，且住家在板橋捷運站附近，地點很方便，三鐵共構的車站四通八達，又可免費住宿，親戚間傳開來，的確已經成為免費的B&B了。

文賓的抱怨顯示出夫妻身心已到了不能負荷的地步，再繼續勉強為之，有可能會失態。這是他們的家、他們自己的生活，必須順著自己的方式走，文賓已經很大方很客氣了，

他對親友有情，仍然歡迎來訪，只是不希望還供應三餐。所以夫妻要有共識，與來訪親友約法三章，來之前就得說清楚，「你們來過週末我們很歡迎，但因為我們有自己的行程與事情，不一定在家用餐，因此三餐請自理，捷運站附近小吃店很多，買回來吃也可以，但請一定要清理乾淨，彼此互相尊重！」

早餐本來就很簡單，親友可以去便利商店買麵包或三明治，主人提供咖啡或茶，其他要什麼當然得自己去買。免費借住已經是大恩惠了，主人夫妻並無義務天天招待或陪同，一旦規矩立下來且實行之，客人即便初期會有不滿，慢慢也就習慣了，以後還是會免費來投宿的。

親戚問題容易造成夫妻關係緊張

〈案例二〉的依玲，感受台北生活大不易，省吃儉用，除必要開支外，還得努力存錢，未雨綢繆，本來就不太贊同小叔的金錢用度方式，好在各過各的生活，相安無事，只是他每月入不敷出，加上修理摩托車，必定是債台高築，還沒等他上門借錢，依玲就開始擔心了。

父母在南部，兄弟在台北打拼，理應互相照顧，但收支固定的小家庭實在沒有餘力幫助小叔，身為嫂嫂，依玲既疼惜小叔，又擔心他是個無底洞，很想面對面與他談這個問題。

　　為了能真正幫助他，長嫂可婉言建議如何節流，並提醒他卡債的嚴重性及未來無錢可用的慘況，讓他知道這樣的花錢方式是錯誤的，才會面臨入不敷出的窘境，依玲還可協助他規劃如何省錢、存錢來籌措買摩托車的費用。

　　至於要不要借錢給小叔，很顯然地，以他花錢的方式及負債情形，在他痛改前非之前還是先不要借給他，否則必然是「肉包子打狗，一去不回」，萬一心軟，也只能借一次，不能有下一次。聽依玲的口氣，並不想要借錢或送錢給小叔，那她就得堅定地回絕，用不著找理由編藉口說家裡沒錢，因為哥哥家裡的經濟狀況不關弟弟的事。

　　依玲操心的事也真不少，不過她是出於關心小叔。小叔都過三十的成年人了，體重、長相、未來感情關係及要找什麼樣的工作，都是他自己的事，重要的是不要去評斷或嫌棄他，要時時表達關心，不妨常請他來家裡用餐，瞭解並關注他的生活情形，讓他有地方抒發苦悶且感覺被關心。女性通常比男性會表達感情，依玲若能抓住小叔的心，他就願意聽取她的建議。

　　結了婚，免不了要與雙方親戚有互動，也不能預料什麼候會有麻煩找上門，親戚問題沒有公婆關係來得嚴重，對婚姻沒有致命威脅，但也會造成夫妻關係緊張，讓夫妻從「你儂我儂」變成「那是你親戚耶，又不是我家親戚！」的指責，都指

望對方去處理自己親戚的問題，可能因此而常吵架。但為了別人的事吵架，夫或妻都會覺得很冤枉、不值得，免不了向原生家庭告狀，導致親家不悅，傷了兩家情感。

　　簡言之，夫妻間的溝通、協商、策略及共識是很重要的，不需要分是誰的親戚朋友，他們帶來的麻煩既會干擾家庭生活，威脅夫妻感情，槍口就要一致，一起面對，態度堅決，但言語要客氣，讓聽者感受到界線，卻不覺得無情或被拒絕，這就是姻親相處的學問啊！

⑲ 我家有個麻煩人物

處理姻親關係，一定要有另一半的支持，不是出頭幫忙打抱不平，而是給伴侶言詞、肢體及行動上的支持與安慰，且適時成為潤滑劑。

案例一 小珍的掙扎

我們全家都是基督徒，男友卻是虔誠的佛教徒，喜歡讀佛經，很有學問。交往兩年來我們互相尊重，各信各的宗教，也會試圖了解對方的宗教，但問題出在我哥，他不贊成也不看好我們的關係。在一次家庭聚餐中，他當場鄙視男友且說出不屑於我們戀情的話，弄得大家好尷尬，我快氣瘋了，但我忍了下來。

哥哥後來向我道歉，卻不理會男友，男友很有修養，支持我的親情，要我別和老哥反目，但兄妹之情已不若從前那麼親了。男友和我計劃年底結婚，我真的不想邀哥哥參加，不知他在婚禮上會如何對待男友及其家人。老哥若知道我不請他一定會暴怒，請問我如何能讓他知道我愛他，但不想要他成為我生命中這個重大事件的破壞者呢？

> **案例二** 文惠的煩惱

我可能與大伯相剋，就是不喜歡他，平常在婆家見到面只是簡單聊幾句。有一次我因照顧婆婆的事與嫂子起爭執，他居然指名道姓用難聽話罵我，雖然隔天我已向嫂子道歉，見面時還是客客氣氣，但和大伯從此不說話，因為他根本不該插手，也從未因罵過我難聽的話而道歉，讓我心中有很多怒氣。

下個月我們夫妻要慶祝結婚十週年，想邀婆家人、娘家人及幾個好友在家辦兩三桌，熱鬧一番。我不想請大伯來，但先生說不請大伯夫婦很失禮，也會得罪公婆。後來我想，乾脆只請娘家人好了，我知道先生最後會勉強同意，但他一定會因為沒有家人參加而覺得遺憾，我該如何是好？

專家的意見

姻親問題處理不當恐產生誤會或結怨

兩個案例都與家庭中的人際關係有關，除了丈夫/妻子可以選擇外，姻親是無法選擇的。婆媳關係一向是最敏感，最容易影響夫妻感情，而岳母女婿關係則是相敬如賓居多，但家庭成員並不總是能愛屋及烏，兄弟姊妹成年後，各有個性

與喜惡，對於新加入的成員，表面上雖以家人相待，心裡可能有自己的成見與疑惑。因為嫁娶而進入對方家庭的男女，也不見得能取悅每一個家庭成員，尤其碰上有誤會時，如果處理不當而致產生誤會或結怨，就如同身上扎進了一根刺，埋在以後的生活裡。

〈案例一〉中小珍的哥哥是虔誠基督教徒，滿心希望妹妹也能嫁給教徒，眼看希望即將落空，怪罪她男友，僅因為他是佛教徒。此君非友即敵的二元論使他的視野變小了，加上脾氣差，在都是家人的聚會場合，實不應該表達他的個人意見，發洩他的不滿情緒，不尊重妹妹及她男友，對聚會的家人也很失禮。

好在小珍念及兄妹情，未當場反擊，男友亦寬容且忍受他的發飆，事情才沒鬧大，聚餐照常進行，可能家人事後有勸說，哥哥也覺得自己當時有些過分，才向妹妹致歉，兄妹之情看似無痕，但心中都有疙瘩，也成為小珍籌備婚禮時的顧慮。她在乎哥哥，希望能得到他的祝福，但又怕他失態鬧場，心中掙扎著是否該邀請老哥出席。

小珍已是成年人，有權決定請誰參加自己的婚禮，如果真的打算將老哥拒於婚禮門外，她就一定要有勇氣當面跟他說。小珍也可以向哥哥攤牌，給他一個機會彌補他上次魯莽的行為，然後由他自己決定是否參加妹妹的婚禮。當然，小

珍必須再三強調，這是她的人生大事，哥哥可以不給祝福，但拜託千萬別壞事。

小珍不妨說，「哥，我和他一路走來，宗教不是問題，也一直在學習互相尊重、相愛相惜，我們要結婚了，真的很希望你能來參加並給予祝福，但你曾當眾宣布不支持我們的結合，讓我們很受傷，因此，如果你無法支持及尊重我們和他的家人，那我就拜託你看在我的面子上，留在家裡吧，謝謝你了！」

小珍不能逃避，一定要面對老哥，要動之以情，說得越多才能顯出真心，才能打動他。

用智慧與EQ處理不友善的姻親關係

〈案例二〉中的文惠，雖未與公婆同住，但婆婆生病，全家人都表達關心，也許就是人多意見雜，加上侍奉婆婆心切，妯娌難免有歧見，致產生誤會，這原本是妯娌間的事，文惠隔天也道歉了，但因大伯口出惡言讓心中有陰影，沒有再理會過大伯，他也把弟媳當空氣。

姻親關係是很微妙的，由於沒住在一起，相處都小心翼翼，其實雙方都在避免起衝突，就是不願意讓公婆看到家庭不和諧，因此結婚十週年的家宴若不邀請大伯夫妻，則文惠與大伯不合的事就會浮出檯面，親戚間可能會開始議論，公

婆會覺得沒面子，表訂的日子還沒到，家庭氣氛就不對了，慶祝宴還能吃得開心嗎？

　　文惠因為對大伯仍有怒氣，所以不想見到這個人，但他畢竟是家裡的一份子，又是先生的哥哥，逃避得了一時，後半輩子還是有相見之時，何況生大伯的氣對自己是一種懲罰，毫無益處。文惠都能因尊重大嫂而向她道歉，化解衝突，兩人關係不再有嫌隙，這份努力與精神值得嘉許，這也可用在大伯身上。固然他有錯在先，不尊重弟妹，給予人身攻擊，可見這個人就是修養差脾氣壞，很難改的，更不會因為弟妹的言行而有所改變。因此文惠大可不必跟他一般見識，大伯並不是她生活中的重要他人，只在家族慶典或聚會中才會見到，喜不喜歡他並不重要，做做表面功夫也是家庭人際關係及公眾場所的禮貌與尊重。

　　文惠如果不那麼在意大伯此人及其言行，壓力就會減少很多。結婚十週年的家宴還是要請大伯的，至於來不來就是他的事了。文惠若不想讓他踏進家門，不妨與先生商量，改在餐廳宴請親友，畢竟在公共場所大家會比較客氣，更容易在熱鬧的氣氛中享受美食，且在餐廳慶祝既有禮數又有面子，省時省力又方便，文惠可以和先生另擇一晚，兩人在家裡共用燭光晚餐，享受浪漫氣氛。

　　處理姻親關係一定要有另一半的支持，不是要他/她幫忙

出頭打抱不平，而是給伴侶言詞、肢體及行動上的支持與安慰，且適時成為潤滑劑，因此，調解的另一半的智慧與EQ很重要，是對他/她個人耐心與愛心的挑戰，也是對夫妻/伴侶關係的考驗。

⑳ 同居前先約法三章

> 同居的兩人若基本價值觀不同，差異在同居半年後一定就會顯露，彼此得學著在差異中適應、瞭解與溝通，日後修成正果的機會才比較大。

自古以來，性與錢經常都是伴侶間避而不談的議題，也就是說，不論是在談戀愛或結婚後，因為性價值觀或金錢觀的差異，衝突會逐漸浮現，成為慢性衝突或隱藏危機，如果不及時處理則會產生正面衝突，損害感情關係。

現代社會的年輕人，離鄉背井到城市念書或工作，甚至出國讀學位，有相知相伴的需求，一旦與某人擦出火花，就很快地進入親密關係而後同居，就想朝夕相處身心不分離。因此單身未婚同居者的比例日漸升高，他們雖然度過了「約會時金錢用度」的考驗，但同居生活不比談戀愛，比較像婚姻生活，對於經濟基礎並不穩定，又還沒有能力或打算結婚的愛侶來說，共同生活中的大小事都是對感情的考驗。

案例▶ 被愛沖昏頭的小芳

小芳剛拿到碩士沒多久就到一家貿易公司上班，還在試

用期，爸媽省吃儉用存錢替她在中和買了兩房一廳的舊公寓。原來大學時的同學房客搬走了，她一直騙遠在南部開餐廳的父母說找不到房客，其實是讓男友明賢搬進來住，行同居之實，不想有外人打擾。年輕女孩很單純就是為了享受愛情，兩人工作都忙，下班回來能在一起，真是快樂甜蜜。

不知情的老媽一再來電催促找房客，一間房的房租每月可償付一大部分的房屋貸款。最後沒辦法了，乃請老公顧店三天，親自北上一趟，除了看女兒，也拜託朋友幫忙找房客。小芳發現紙包不住火了，只好坦承另一房間「租」給男友。老媽一聽暴怒，對她怒吼，「我這麼辛苦工作，沒力氣再白養一個人！」

女兒流著眼淚，委屈的辯解，「他也不是白住，有時候也會幫我繳繳水電瓦斯費，而且我經常晚下班，他總是買好便當等我回家一起吃，一個月下來也有四、五千元吧，況且他也有幫忙打掃房子。」

小芳的媽板著臉說，「這還不算白吃白住嗎？一個月的房租我們收一萬二，已經很便宜了，妳說他的付出也不過四、五千元，何況打掃房子也是房客的義務啊！妳試用期的薪水那麼少，明賢是有正職的人，妳這樣寵他，是在用爸媽的辛苦錢倒貼男朋友呢！」

小芳媽北上這兩天男友銷聲匿跡，女兒哭喪著臉，母女

關係凍僵。當媽的越想越傷心，女大不中留，留書在小芳床頭，一把眼淚一把鼻涕地回南部了。她決定不再管小芳，既然房子是用小芳名義買的，剩下十五年房貸就由女兒和男友一起負擔，既然兩個人要過共同生活，就要有成年人的責任感和本事！

媽媽有好一陣子沒跟她聯繫，小芳開始害怕起來，明賢則很高興又恢復兩人世界。一個月後小芳鼓起勇氣跟明賢開口要房租，她知道只有上繳房租，媽媽才會繼續付每個月的房貸。正待她要和媽媽妥協時，明賢面有難色，他說他本來與父母住，根本不需付房租，現在搬出來與她同住，又不是租屋，他沒有理由付租金，只願維持現在的支出模式。

原來自己看得不夠遠，想得不夠多

小芳很愛明賢，想跟他長久在一起，於是說出了自己的計畫，反正她試用期快過，很快就可以領到正式薪水，既然兩人都有收入，何不一起來分擔現階段的房租，等結婚後將房子改成兩人共有。父母親看女兒咬牙苦撐，男友也有貢獻，也許會心軟，接手後期的房貸。可惜小芳的如意算盤並不順利，明賢說房貸是小芳與父母之間的事，他不介入，且雖然他很愛小芳，但近年並無結婚打算。

小芳突然覺得自己兩面不是人，她害怕失去明賢，很想

順從他的意思，但又怕父母不再理她、不給她金援，頓時感受極大壓力，快要崩潰了。她不敢去公司的員工諮商室，只能偷偷到社區諮商中心求助。諮商師用辯證法讓小芳覺察到自己為了愛情有多麼不切實際，以為愛可以克服一切，而現實面就是會有許多的逆點。她以為兩人相愛，根本就不必計較金錢，是媽媽管得太多，又把錢看得太重，結果是自己看得不夠遠，想得不夠多。

專家的意見

戀愛需要學習，婚姻需要經營

　　諮商師分析明賢的個性與態度，他並非不愛小芳，也不是故意要佔便宜，只是覺得原本住家中不必付房租，搬到女友家，既是自己的房子，為何要付錢給她父母，何況自己也有補貼一些，這是女友心甘情願的啊！這就是明賢的金錢觀；而兩人互相吸引進而同居是順理成章，與結不結婚沒多大關係，且婚前是小兩口的事，與雙方父母無關，這就是他的婚姻感情觀。

　　兩個年輕人在這個時間點上相遇，擦出火花，只想住在一起，都未考慮到同居的真義，以及共同生活可能發生的困難。倘若兩人的基本價值觀差異大，同居半年後一定就會顯

露，彼此得學著在差異中適應、瞭解與溝通。小芳的案例是因為媽媽的介入，使得男女各自的感情觀與金錢觀提前浮現。

經過六次諮商，小芳選擇了兩個方案中的第二個，就是將第二個房間正式出租給外人，自己還是和明賢同居於公寓中，與第三人一起同住，而第一個方案則是房間出租他人，明賢搬回父母家，兩人不再同居但繼續戀愛。明賢也同意了第二方案，小芳的母親也就無可奈何了，雖然並不高興女兒與人同居，但至少還有房租收入。

年輕戀人非要同居也不是不可以，但前提是自己要有經濟能力，不可以用父母的錢，同居雖不是結婚，但也不可兒戲。結婚有「婚前準備」課程，同居也應該有「同居前準備」課程，雙方可在同住前經過討論、協商而約法三章。

1.金錢用度：舉凡共同生活的開支，如房租、房貸、水電瓦斯費、伙食費、日用品採買等，都要先說明是平均分攤，還是按薪水比例付出，至於電話費、交通費和午餐費可以各自支付。

2.作息起居習慣：睡覺時開燈或關燈，及起床時間、洗衣頻率、浴廁及空調使用等，全是小事，卻得交流瞭解，互相調整。

3.飲食習慣：早餐方式，主食是米或麵，葷素選擇及忌

口食物等，要互相關心及尊重。

4.性生活：雖然早有親密關係，還是要從性價值觀及彼此的性活動交流起，另外還要慎重避孕。

5.工作體諒：瞭解並尊重彼此的工作性質與工作時間，關心彼此的工作動態並給予支持。

6.瞭解並尊重彼此的生活圈：接納彼此的朋友，學習人際關係。

7.學習與雙方家人相處：不管以後是否能順利走進婚姻，畢竟是自己愛的人的家人，愛屋及烏、和平相處，也是人際關係的學習。

8.留獨處的時間給自己及對方：不能因同居而失去自我，要有獨處的時間，可以暫時讓自己跳脫溫柔鄉，跟真正的自己對話。

9.承諾願意培養化解衝突的能力。

戀愛需要學習，婚姻需要經營，而同居既需要學習共同生活，也必須經營感情關係，最大的考驗是金錢用度，換句話說，同居也是要有本錢的，能夠有穩定收入，經濟小有基礎的同居者，即表示稍有社會人際關係，在生活態度上應比較成熟，如果肯互相磨合調適，感情的穩定性會遠比大學的同居伴侶來得高，日後修成正果的機會也比較大。

21 吾家子女初長成，搞得快抓狂！

父母要先有覺醒，調整心態，改變與孩子互動、溝通的方式，期待他們能懂事；當然，還是得等到年輕人自己當了父母，才能深刻體會天下父母心的真愛。

從孩子出生那一刻起，夫妻的生活重心就從彼此身上轉移到子女身上。從學走期到幼兒期，從學齡期到青春期，甚至到了成年期，父母操心的事情依成長週期而有不同，愛心卻是永遠不變。

媽媽是幼兒的主要照顧者，自小看到大，自以為很瞭解孩子，卻沒料到青春期或成年期的孩子行為舉止不合期待，想法猜不透，總是又急又氣，回顧並確認自己的教養方式沒問題，便開始指責孩子的不是，得到的反應自然是負向的，於是一來一往的負面互動，鬧得親子關係僵化。

父母當然都會擔心孩子不走常軌，沒照他們的期望長大，有時還會互相責怪沒把孩子教好，媽媽當然是憂心忡忡，有去學校找老師談或請輔導室協助的，有抽空去聽家庭親子講座的，也有人晚上難以成眠，坐起疾書，投稿報紙專

欄，尋求忠告。以下就是兩位媽媽的來信。

案例一 林媽媽的憂心

二女兒十九歲，最近變得非常自我中心，我一直教導她、鼓勵她對人要同理及尊重，不要計較，但她對父母及姊姊視若無睹，凡事只管自己，家人對她很失望、很無奈，只能隨她去，我卻很受不了。她有時在家族聚會時言行舉止不恰當，令親友不快，我總是再三向他們道歉，而丈夫則什麼事也不管。

我是快六十歲的人了，有高血壓、糖尿病，醫生囑咐飲食要注意，心情得平穩。而女兒除了會說謊外，做事從不管後果，都是我在替她善後，她居然對姊姊說老媽真囉嗦討人嫌，我的心如何能平靜下來？丈夫又只顧他自己的事，一點也不支持我，我該怎麼辦？

案例二 張媽媽的驚嚇

兒子十四歲，乖巧聽話，書也讀得不錯。上週我進他房間打掃，看他電腦開著，本想替他關機，一碰滑鼠，螢幕顯現他的電子郵箱。好奇心驅使，忍不住打開來看，大部分是談課業或聊天的信，而有些竟然是和同學討論他們有興趣的女孩，包括學校女同學及電視明星，話說得很露骨，還用了

許多性的字眼及髒話。

我真的嚇到了，我的寶貝兒子怎麼表裡不一？他這樣是正常的嗎？與同學寫一些字眼曖昧的煽情對話，他會不會是個小色狼？我當然知道這個年紀的男生會開始對異性有興趣，這是必經的人生階段，但我希望他成為好男孩及正派人士，我該如何引導他呢？

專家的意見

成年子女須為自己的言行負責

看起來，〈案例一〉這個女兒的叛逆期來得晚，以前很乖很順從的時候，林媽媽認為一切沒事，也從未主動去瞭解女兒的想法及需求，現在就更不知道女兒的心態或心事，只是急著要她依照母親教誨的方式待人。女兒此時正專注於自己的需求，還在處理自己的認同危機，不想面對母親的過度關心，以不理會來應對母親的嘮叨，自己心情不佳，也連帶對家人冷淡。

人都愛聽好話，女兒也希望被母親讚美，而不是嘮叨或指責。她心中有氣，不敢當母親的面發洩，只好對姊姊說媽媽囉嗦討厭，這是她出氣的一種方式，並非故意在背後說媽媽的壞話，林媽媽大可釋懷，不要太傷心，這是叛逆期孩子

常有的現象，會過去的。

　　十九歲的大孩子應該對自己的行為負責，做母親的大可不必為女兒的言行向親友道歉。林媽媽若認為女兒的言行不符合自己期望而感到窘迫，她可以誠實地向親友們說，「身為母親，我是很尷尬的，但我無法收拾殘局」，相信親友們可以瞭解做媽的心情及立場。

　　既然林媽媽健康狀況有問題，還是先顧自己吧，從生活中可自我掌握的部份做起，也就是自我健康照護，與家人朋友的正向關係，或發展及投入自己的興趣等，不要專注於女兒的不如心意。她會慢慢長大的，以後進入社會，她會學習如何與人相處。林媽媽也要注意自己的教育態度，要以同等方式對待兩姊妹，不比較、不批評，也不抱怨。

　　林媽媽未提及先生的個性及夫妻平日互動狀況，但因為二女兒的事對先生頗有微詞。也許先生就是傳統男性，認為教養子女本是妻子的職責，理應由媽媽來「矯正」女兒，或者他傾向採放任的教育方式，本就不贊成妻子對女兒的指責及操控，又不想與妻子有爭執，乃置身度外，這就成為一個婚姻議題了。林媽媽且不要再要求先生跟她一起來指控及管教女兒了，不妨虛心求教，兩人一起商量出合宜的親子互動方式。

敞開心懷與兒子討論性愛感情婚姻觀

〈案例二〉的張媽媽則是被嚇到了！張家有男初長成，十四歲的孩子正值青春期，對自己的身體和異性的身體感到好奇，也被異性的外表及舉止言談所吸引，他們不是放在心裡偷偷地想，就是和死黨打嘴砲，彼此以異性有關的字眼來添色開玩笑，且這些好奇心與討論絕不會讓父母知道，算是青春期同儕文化的一小部分，但這在父母眼中真是好氣、好笑，又令人擔心。

其實張小弟是在正常範圍內的，他當然不是小色狼，這只是他生活的一小部分，其他的媽媽在平日生活中都能看到，也很放心，因此不需要太擔心。父母要注意孩子身心發展的整體進步，他和同儕露骨的對話只是發展期中短暫的表現，他的心智會跟著成長的。母親千萬不要讓兒子知道秘密郵件被偷窺，以免失去對媽媽的信任，最好是利用良好的親子關係給予機會教育，以電視新聞或報章雜誌報導的事件來與他討論兩性關係與性教育，引導他發問，才能灌輸正確的性觀念。

孩子的爸是最佳人選，以過來人分享青春期成長的青澀與糗事，敞開心懷與兒子討論性愛感情婚姻觀。父母當然也可以一起引導兒子多談、多問、多討論，把他教導成真誠待人尊重他人的小紳士，而他也能在同儕中發揮影響力，收社

會教育之效。

青春期子女常會把對父母的不滿表現出來，以為發洩

父母的愛本是無私的，打罵或教導都是為了孩子好，但教育方式若不正確，且孩子的個性各有不同，小時候敢怒不敢言，長到青春期或成年初期，就會把對父母的不滿以「外化」的言行表現出來，以為發洩。大陸有個荊楚網網站就調查列出親子互動中最讓父母傷心的九句話：

1.好了好了，我知道了，真囉嗦！

2.有事嗎，沒事？我掛電話了！

3.說了你也不懂，別問了！

4.說多少次不要你做，做又做不好。

5.你那一套早過時了！

6.叫你別收拾我房間，東西都找不到了。

7.我吃什麼我知道，別給我夾。

8.說了別吃剩菜，怎麼老不聽？

9.我有分寸，別說了，煩不煩？

華人家庭文化兩岸都差不多，父母對子女愛之深，期望亦高，辛苦撫養，諄諄教誨，聽了這些話怎能不傷心？好在不是只有自己家有這種情形，原來普天下的父母與子女互動都會有這種遭遇。調查顯示，有九成以上的年輕人至少說過

這九句話中的一句或幾句。

　　父母要先有覺醒，調整心態，改變與孩子互動溝通的方式，年輕人就會開始反省，覺得自己實在不應該無視父母的愛，隨著當時的情緒說出傷父母心的話。當然，要收成效必須慢慢來，還是得等到年輕人自己當了父母，才能深刻體會天下父母心的真愛。

22 尊重「小大人」，兩代溝通更順暢

> 　　子女與異性朋友交往，既然阻擋不了，父母只能通過溝通管道慢慢教導他們正確的價值觀、性愛感情婚姻觀，陪伴他們正向成長。

案例　緊張的母女關係

　　張欣云自小到大功課好，人又長得漂亮，一直都受父母疼愛、老師稱讚、同學羨慕，進了國中益發長得亭亭玉立，稱讚她美貌及身材好的親友同學越來越多，仰慕者也眾多。學校老師注意到男同學喜歡跟她搭訕，她也願意互動，這學期已經與欣云媽媽通過三次電話了。

　　張媽媽一方面得意於女兒的優秀美麗，一方面也擔心她與異性的互動。她開始注意到欣云五點半下課後並未立刻回家，都要到七點才到家，總是說沒趕上公車，搭錯車，或去買東西；回家吃完飯就開始滑手機，功課做完後又滑手機，直到十一點上床睡覺。

　　媽媽想要等女兒功課退步，就有理由限制她使用手機的

時間，偏偏欣云功課都在班上前三名之列。媽媽直覺女兒交了男朋友，且是她小學時的同班同學黃大明，問老師也不清楚，只好旁敲側擊。問她小學男同學有幾位進入同一所國中，女兒說了一大串人名，獨缺黃君，媽媽心知肚明。

過幾天媽媽裝作突然想起來的樣子，問欣云，「你小學班上那個黃大明不也在你們國中就讀嗎？」「哦，是啊！我忘記說了。」女兒如是回答，「他跟我不同班！」

一星期後，媽媽在廚房煮晚餐，欣云比媽媽下班還晚到家，還未等媽媽開口，她就先發制人。

「媽，我要告訴你一件事，我有男朋友了！」她靜待媽媽反應。

「哦，真的？是同學嗎？」媽媽裝作一無所知。

「妳不是已經知道了嗎？不然妳為什麼要跟我提黃大明？」

「妳又沒告訴我，我也不敢確定啊！」媽媽小心翼翼地說。

「我現在告訴妳了，妳是支持我呢，還是反對？」女兒開門見山地問，但防衛心重。

「我當然不會支持妳囉，妳現在還有很多該做的事要做，先不急著交男朋友吧！」媽媽語氣平和地回答。

「什麼是很多該做的事？」她立刻反問。

「就是做學生、做女兒要做的事啊！」媽媽含糊回答著。

這時候爸爸回來了，女兒丟了一句話給媽媽，「媽，我信任妳才跟妳說，妳答應我不告訴爸爸。」就回房間去了。

媽媽夜裡枕邊細語時當然偷偷地告訴丈夫，並再三叮嚀不可形於色，不可對女兒講話大小聲，她自己會去跟老師商量該如何處理。

王老師驚訝於欣云媽媽只是擔心卻未有任何做法，細談之下才明白，女兒是爸爸的掌上明珠，個性拗，發起脾氣來什麼傻事都做得出來，吃軟不吃硬，因此家庭教育都採懷柔政策。但交男友是頭一遭，爸爸工作太忙，只好由媽媽處理，每次和女兒溝通晚回家或週末和同學出遊之事，都是一面倒的唇槍舌戰，說教了半天，還是屈服於女兒的要求。好在她也不敢太過份，再晚也是七、八點到家，媽媽是既擔心又傷心，也不敢跟先生說，怕父女感情破裂，家庭關係弄僵。

老師的分析與輔導：
打開溝通管道，以開放、接納的態度回應

老師覺得媽媽對於女兒滑手機的議題太被動，手機不離手對任何人都是壞習慣。欣云回家當然要幫忙做家事，全家人吃過飯也要坐下來吃點水果、聊聊天，家人都把手機放在

櫃子上方，規定睡前一小時可以滑手機，週末則可增加時數，父母亦然，在家少用手機，給子女做榜樣，重要的是要把話說清楚規矩定明白。

　　至於交男友的事，媽媽不應該表明支持或反對，而是要尊重與信任。欣云之所以坦承是因為她與黃同學互動越來越頻繁，遲早是紙包不住火，不如先發制人，表示自己就是要交男朋友。媽媽雖不支持，也並不反對，欣云就更有恃無恐，媽媽嘴巴說不贊成，大概也不會阻止，但畢竟還是負向，欣云有防衛心，不再什麼事都跟媽媽分享，只有不得不說時才會說出來。因此媽媽可趁欣云開啟男女交往議題之時打開溝通管道，建立深入的母女關係，也就是以開放接納的態度、尊重的口氣回應。

　　「媽媽很高興你告訴我這件事，很多事情不是只有贊成或反對兩個答案，青春期男女互有興趣是自然的，是人生成長必經的歷程，重要的是要看此人值不值得交往，當然黃大明是妳小學同學，你們認識，有很多話題可以聊，雙方由同學進展到朋友，在交往中多認識，互相關心鼓勵，也是好事。」

　　女兒沒有被罵，感到被接納，媽媽的話聽起來蠻新鮮的，她的防衛心必然減低，心就比較靠近媽媽了，母女對此事先有共識，媽媽再主動出擊。

「妳都以為爸媽會反對，還要我別跟爸爸提，妳又沒做錯事，我們怎麼會罵妳呢？別擔心，我們愛妳關心妳，妳可以找個機會告訴爸爸，或者要媽媽跟他說？」再三向欣云確認交男友不是錯事、壞事，讓她安心。

媽媽再將話題轉回來，「不過家裡有家裡的期待，學校有學校的規矩，凡是要有分寸，你和黃大明既是朋友，就要恪守朋友之誼，也要關心及保護彼此，別讓爸媽及老師擔心。妳說過信任媽媽，媽媽也信任妳，你們兩個的互動情形，或者妳有任何心事，都可以說給媽媽聽，媽媽不會罵妳的。」

媽媽的行動與反思：
建立親近的溝通管道，親子關係才能正向且深入

欣云自小愛漂亮又喜歡逛街，媽媽則因太忙且不喜歡逛街，只會去商場買必需的衣物，她突然想起女兒逛街時的開心模樣，以及被媽媽嫌週末老愛和同學去逛街的嘴臉。「怎麼會有人這麼不喜歡逛街呢？」欣云經常抱怨。

媽媽提議週六下午一起去逛街，母女可添購一些夏裝，欣云非常高興媽媽居然主動說要逛街。信義商圈對媽媽而言像座迷宮，欣云卻是識途老馬，沿路講解每家百貨公司的特色及她的看法，尤其是有關布置擺設的美感。媽媽非常驚異

於女兒有藝術細胞，能注意到細節又注重美感，大大稱讚一番，也趁機做機會教育，自身有這麼多優點就要珍惜，要努力發揮，以後也是「無友不如己者」才能匹配且互相激勵，所以這個階段交朋友，不論男女，重在多認識及陪伴成長。

媽媽也分享了自己青少女時男生追求及初與異性互動時的心理狀態，由於外婆很兇又管得嚴，一直到高三才有第一個男性朋友，就像欣云目前的狀態。欣云感受到媽媽的真切關心與誠意，原來媽媽也懂這些，也願意聆聽她的心聲，她第一次沒有覺得媽媽是高高在上，確定她是可以聊心事的對象。

自己生長在家教極嚴的傳統家庭，爸爸大媽媽十八歲，早年忙生計，晚年身體欠佳，家裡的事都由媽媽一人打點，尤其是教育孩子的事。到現在每天還要打電話瞭解女兒、女婿和孫女的生活，欣云開放的個性就是和外婆合不來，讀小學高年級後就跟外婆聊不起來，每次見面僅止於打招呼就開始滑手機，外婆一直嘟囔著。

看看女兒，想想媽媽，張太太突然瞭解到自己以前受母親影響太深，管教的方向其實是一樣的，只是稍微溫和些，而自己早年受盡母親壓迫，不想讓女兒跟自己一樣，加上女兒又不是那種逆來順受唯命是從的乖乖牌，所以自己才小心翼翼地教導女兒，仍然是上對下的關係，女兒固然知道媽媽愛她，但也怕被說教及責罵。

就是因為自己的父親不管事，張太太下意識也一人承擔起教養子女的責任，不想讓忙碌的丈夫有後顧之憂。經過與輔導老師幾次會談後，她瞭解到家庭教育，包括性教育與情感教育，應是由父母一起或分別來跟孩子們說，尤其應該利用機會教育，母女當然可以聊得更深入些。所以她就開始找時間跟先生溝通，讓他一定要跟女兒建立親近的溝通管道，親子關係才能正向且深入。

欣云的改變：
了解父母的苦心與妥協，展現貼心及孝心

　　欣云感到越來越自在，學校老師不再「監視」她，媽媽也不再「試探」與「說教」，其實是她自己的感覺改變了，覺得不再被敵對或反對。有天，她居然主動告訴媽媽下課要晚點回家，要和朋友去麥當勞喝飲料聊天。媽媽張大眼睛笑著說，「是和黃大明嗎？」欣云搖搖頭，說兩人已達成協議，一星期見一次，有時週六下午也會見，所以這天是跟班上三位死黨討論做壁報的事。

　　母親節前夕，欣云發訊息給媽媽，問她需要什麼禮物，媽媽回說，「媽媽什麼都不需要，只要妳乖乖的我就很欣慰了。」

　　「就是因為沒有乖乖，才要買禮物給您嘛！」女兒了解

媽媽的苦心與妥協，因為很多媽媽不是這樣。

母親節當天，媽媽下班回家看到桌上有一個精緻蛋糕，上面開著一朵散開大花瓣的糖花，精緻美麗。原來前幾天女兒要求延長使用手機，為的是上網去找要送給媽媽的漂亮蛋糕，媽媽激動地抱著欣云說，「妳是我最愛、最信任、最可愛的女兒！」爸爸也稱讚她的貼心及孝心。

專家的意見

子女願意聽父母說話，才能把話聽進去

「吾家有女初長成」是青少女必經的人生歷程，對父母則是難題。每個少女的個性不同，交友方式也不同，家長得小心處理。由於學校老師的提醒，以及張太太幾次與老師的談話，張太太學習也領悟到如何與女兒建立新的互動，欣云也看到媽媽不一樣的態度，自己做了調整，這是一個好的開始。

欣云才國二，黃同學是第一個男友，以後還會交往其他的男生，既然阻擋不了，只能通過溝通管道慢慢教導她人生的價值觀、性愛感情及婚姻觀，陪伴她正向成長。小小年紀難免有做錯事的時候，不能只是責罵，要說明做錯事的後果將如何影響自己與別人，而自己難過、傷心或懊悔本身就是一種懲罰，所以父母也會跟著心疼與擔心。

父母以不批判不責備，尤其不能以辱罵的方式處理青春期子女的問題，承認他們是「小大人」而不是「小孩」，先聽他們把話說完，讓他們感到被尊重、被聽到，他們才願意聽父母說話，久而久之就能把父母師長的話聽進去了。

㉓ 正向思考結冰的婆媳關係

> 生別人的氣就是在懲罰自己！將婆媳互動從積極轉消極，不讓負面情緒在心中發酵，降低自己的期望，不去攪亂湖水，而是一心享受湖面的平靜。

　　王奶奶和李奶奶因早晨都在公園散步而結識，日子一久也就成了朋友，經常坐在石椅上聊天，有時還結伴上菜場。因為同病相憐，兩人乃開始分享各自的家庭狀況，互相支持、鼓勵及陪伴。

王奶奶的故事　如外人相待的婆媳

　　丈夫中風住療養院已三年，目前獨居在豪華公寓七樓。兒子是大學教授，與妻子住在新竹，孫子都在國外，媳婦婚後沒上班，喜歡寫寫文章，並在社區幫忙。表面上看起來夫妻感情和睦，家庭關係良好，也常去探視父母，王奶奶衣食無缺，不愁晚年，理應過得很自在、很幸福才對。

　　王教授從小到大一向很孝順父母，在美國娶了來自大陸的留學生，王奶奶不是很贊成大六歲的姊弟戀，但生米已成熟飯，且媳婦還肯跟兒子回台灣住，相夫教子，她也只好接

納了。剛回國時，來台北探望父母，王奶奶都忙著張羅一桌子菜，還買了一堆水果和零食，大家是吃得很開心，尤其是王教授，最愛吃媽媽做的菜了，飯後媳婦頂多幫忙將碗盤剩菜收到廚房流理台上，毫無要清洗的意思，王教授看在眼裡就想幫母親，但王奶奶好強，直說自己的廚房還是自己來，大家先在客廳聊天吃水果，晚上她自己慢慢清理就行。

媳婦和孫子通常不會在奶奶家過夜，雖然家裡有四個房間，只有王教授一個人到台北開會或有晚宴時才會回爸媽家住，陪母親聊天。王奶奶知道兒子非常愛妻疼子，只要他快樂就好，雖然她一直覺得媳婦是外人，不像家人，她仍是笑臉相迎，客客氣氣，聊的都是孩子的點點滴滴，從未敞開心懷談自己的事或想法，也很少對公婆噓寒問暖，頂多是一句，「您們看起來很好啊！」

王教授經常出國講學，孩子稍大後，太太就跟著到處飛，她只掛心孩子，可以跟他們講上一個小時的電話，卻未曾打過電話給公婆問安，王教授每到一處必打電話探詢父母狀況，王奶奶免不了問媳婦如何，他也只說「她很好，沒事」，並沒有要她在電話上跟公婆講講話的意思。

採買、烹煮再加上清洗整理，的確費時間耗體力，王奶奶與丈夫商量後就決定雙數週兒子全家上台北，祖孫三代上餐廳用餐，單數週兩老開車去新竹，由兒子選餐廳，全家人

大快朵頤，如此行之有年，相見樂融融，也相安無事。

親友也常問及婆媳的相處，王奶奶總是向外人稱讚媳婦的好，她也說服自己這麼認為，直到王爺爺中風那天，他倒地爬不起來，王奶奶打電話向兒子求援，媳婦說丈夫晚上飛機回國，下飛機再一起去看公公，其他什麼都沒說。王奶奶自己趕快撥打119，跟著救護車上醫院。偏偏飛機又誤點，兒子媳婦出現時已是隔日早晨了。兒子立刻聯絡仲介，找了一個看護工來照顧病人，也安慰母親不要急，兒媳婦就站在旁邊，眼神跟著丈夫言行轉動，有如旁觀者。

王爺爺的命要緊，王奶奶的心思都在丈夫身上，命是救回來了，只能往療養院送，由於在郊區，每週一次搭計程車去探望，兒子媳婦偶爾也會開車來帶母親同去探視，媳婦除了打招呼，就是忙著洗水果切水果給大家吃，碰都沒碰公公一下，這也是意料中的事，王奶奶早就不在意了。

李奶奶的故事　與兒子一家人住卻如同獨居

丈夫是退休警官，兩老住台北，朋友多、門路熟，生活愉快。女兒嫁到美國，兒子文集留美回來後在高雄某國營企業上班，週末搭機回台北陪父母住兩晚，其實主要是與女友相處，可惜後來與女友分手，文集傷心不已生病住院，與醫院櫃台小姐相識而相戀，閃電結婚，父母也只好隨著兒子的

心情接納她。

　　媳婦能幹漂亮，總是笑臉迎人，也會跟著丈夫與公婆不著邊際的聊，但從不談自己的事，只想知道公婆平日做些什麼，總是勸兩老多待在家裡，怕出門有危險，別讓兒子多擔心等等，李奶奶其實不樂意聽，媳婦絕不會自己打電話到台北向公婆請安，卻經常與娘家父母出外用餐。

　　最令李奶奶失望的是，即便李爺爺願意付旅館費，媳婦也不願一家四口北上探望公婆，更不想過夜，所以都是兒子搭高鐵來台北住一晚，每個月一次兩老搭高鐵下高雄探望孫子，享天倫樂，大都是當天來回。這種相見模式既成了生活規律，也就習以為常，相安無事。

　　從兒子那裡兩老瞭解到，媳婦長袖善舞，婚後沒上班，對房地產有興趣，貸款買了兩家店面出租，接著舊房換新房，全家搬到四房兩廳的豪華公寓，內部裝潢全出自她的構想，傢俱擺飾也都是她一手採買，丈夫對她佩服得五體投地，一切以她馬首是瞻，唯命是從。

　　新居落成，兒子高興地邀請父母來過週末，展示留給父母的房間，邀請兩老來高雄住。結果一看，四坪大的睡房，一張雙人床和一個小衣櫃，是舊的，加上轉身都困難的浴廁，而主臥及孫子們的房間，卻是全新的傢俱放在寬敞的空間中。李奶奶心中納悶，難道兒子沒有意見嗎？

　　李爺爺在自家浴室不慎摔倒，就再也沒醒過來，一星期後走了，李奶奶心情悲痛，兒子怕母親觸景傷情，乃將她接來高雄同住。媳婦禮貌地接待，說既是家人就不要客氣，中午要吃什麼可以自己煮，但歡迎她與全家一起吃晚餐。吃完晚飯李奶奶搶著洗碗，此後廚房整理就成了她的工作。兒子買了一台電視讓媽媽可以在房間看，晚上也總會抽出時間來房間和她聊天，並道晚安，但有時夫妻外出看夜場電影，她就先睡了。

　　住在兒子家，婆媳見面的時間自然就多了，李奶奶試著關心媳婦，想要多幫忙，媳婦總是客氣地說老人家顧好自己就好，也不會坐下來陪婆婆聊一會兒天。媳婦很會理財，手頭寬裕，從沒想要買些東西送婆婆，倒是兒子每個月給媽媽一萬元，週末祖孫三代上館子吃飯，兩個孫子有時會跟奶奶分享學校的生活，這是李奶奶最大的安慰了。

　　兒子越來越忙，經常出差，孫子們上國中，忙著補習，婆媳各自生活沒交集，李奶奶覺得很無聊，決心不再眷戀兒孫了，她收拾行囊，不聽兒子懇求，毅然回到台北的家，過獨居老人的生活，倒覺得自在安心。

血緣、姻緣，聚一個好緣

專家的分析與輔導

凡事不往壞處想，多一事不如少一事

王奶奶和李奶奶個性本來就溫和，一直試著要扮演好婆婆的角色，總是先反求諸己，無奈媳婦始終保持距離，無心建立真誠深入的婆媳關係，堅守自己的小家庭，也不想讓婆婆介入。兩位終於看清了媳婦的個性與用意，也看到了兒子確實滿意於妻子及家庭，因此維持現狀未嘗不是良策。

她們都因為深愛兒子，尊重兒子的選擇及生活，老夫妻彼此相伴，如今李奶奶老伴去世，王奶奶老伴住療養院，等於都是獨自生活，有緣相識結為好友，互訴心中遺憾，相互支持鼓勵，都覺得自己做對了，心中遺憾也就逐漸消散了，反倒是給兒子媳婦更多的愛與支持。以下就婆媳關係做深度解析：

1.婆媳關係的本質

姻親問題一直是婚姻衝突的因素，在華人研究中佔第三名，以前是三代同堂，容易起摩擦，現在小家庭居多，理應問題較少，但姻親關係中的婆媳問題仍經常困擾兩代。

理想上婆媳關係應是緊密親愛，一家人和樂融融，且古語說媳婦為半女，婆婆疼媳婦如女兒是媳婦的福氣，媳婦孝

順婆婆是婆婆的命好。然而有許多婚姻是因婆婆虐待媳婦，教唆兒子休妻，或媳婦受不了婆婆的固執及溺愛兒子，又沒有丈夫的支持，寧可下堂求去。當然也有婆媳關係平平淡淡或者客客氣氣，見面就聊聊，偶爾電話問候。

人類的互動關係本來就不是非好即壞、非親即疏的二分法，因此婆媳關係就有如光譜，一端為親、一端為疏，關係可遊走於兩端之間，也可以是某段時間或長期停留在某一點上。

2.評估王奶奶與李奶奶的婆媳關係

兩人的婆媳關係沒有衝突、相安無事，不表示感情良好，由於媳婦的不主動，婆婆也就轉為被動，表面上有見面、有互動，其實無交集、不深入，好在兩人對彼此的要求並不高，婆婆不找碴，媳婦安心，媳婦真心照顧小家庭，婆婆寬慰，只是媳婦從未有心將身心融入婆家，婆婆也因此無法將小家庭當成兒子原生家庭的伸延，頂多只能做客。因此兩位的婆媳關係可謂不親不疏，中間偏疏。

3.身為人子/人夫的態度

兒子在婆媳關係中其實扮演的是關鍵角色，高EQ、高IQ的兒子可以把生命中兩個重要的女人哄得服服貼貼，然而有些當兒子的覺得老媽煩、妻子嘮叨，只想逃開，且說話又直，得罪兩方，誤會加深，引起爭兒搶夫的戲碼，生活不得安寧。

王奶奶、李奶奶都養出好兒子，孝順父母，疼愛妻小，工作又有成就。可能是工作忙，再加上個性使然，對感情不夠細膩，較少注意細節，只看到父母高興見到他們全家，而妻子也始終保持笑容，凡事不插嘴，沒有異議，就以為婆媳相處良好。另外，也因他們在出國前就自原生家庭分化成功，養成獨立性格，婚後有很清楚的家庭界線，原生家庭歸原生家庭，小家庭歸小家庭，因此兒子的態度也造成了不親、中間偏疏的婆媳關係。

4.為人媳婦的心態

由於這是王奶奶說的故事，無法真正得知媳婦的心態。每個媳婦都怕進婆家，尤其兩位媳婦均不是婆婆理想中期盼的兒媳，自然會擔心不討婆婆歡心，為了丈夫及自己的面子，在家庭聚會時必然扮演媳婦的角色，私底下還是以防守代替出擊，日子久了，看婆婆沒什麼反應，也就我行我素，建立起一道有圍牆的婆媳關係。

王奶奶其實希望兒子全家能在台北自家裡過夜，兩老也能在兒子新竹家住宿，但不知是兒子沒說太太就不提，還是太太已經事先告知丈夫，各自回家睡。而李奶奶喪夫後雖住進兒子家，但除了兒子，沒人跟她聊心裡話，媳婦又只當她是房客，一直都是淡淡的互動。兩位媳婦一向遵守涇渭分明

的原則以求自保，有事寧可麻煩娘家，也不驚動婆婆。

5.婆婆心態之調整

　　預期未實現都會讓人失望，經常未達預期還會讓人不滿、不悅及不解，日子久了就會有不平、失望或絕望、生氣，甚至累積憤怒等負面情緒，有的婆婆以長輩自居會爆發出來，先是向丈夫數落媳婦，再則跟兒子告狀，甚至當面奚落媳婦，造成家庭氣氛詭異。

　　王奶奶及李奶奶在婆媳互動中從積極轉消極，但沒有讓負面情緒在心中發酵，反而是正向思考，降低自己的期望，並不認為委屈，而是凡事不往壞處想，多一事不如少一事，隨緣配合與兒子媳婦的互動。兩位在相互傾訴多年心事時，都發現有個共同想法，就是「生別人的氣就是在懲罰自己」，所以對這些事只有遺憾，沒有怨言，從未向外人訴苦，卻也不是讓苦往肚裡吞，而是不去攪亂湖水，一心只享受湖面的平靜。

㉔ 走出婚變，開創新生活

> 經歷婚姻變故，若能覺醒，讓自己從婚姻受害人轉換成人生學習者，則可重新出發，成為一個快樂的人。

案例 ▶ 已婚卻假冒單身

文城已婚卻假冒單身，還對小玉猛烈追求，兩人陷入熱戀，隨後懷孕生子，乃住進文城家，儼然正宮，而同住的父母則對小孫子疼愛有加。

帶著女兒遠在北部工作的麗娟卻一無所知，過年期間母女回家，才發現早已改朝換代，夫妻的結婚照已被先生與小玉的甜蜜合照取代，臥房亦擺滿嬰兒用品，母女居然沒有容身之地，先生閃爍其詞逃避不肯面對，她只好向婆婆告狀。

不料婆婆的回應居然是，「小孩都生了，他們感情又好，就讓她住進陳家了！妳呢，可以離婚，要不就接受現狀，妳繼續在北部工作，只要把女兒照顧好就好，我兒子會支付扶養費和教育費用的。」

麗娟心灰意冷，對丈夫及小三提出告訴，法院審理後，由於小玉當初確實不知文城已有家室，帶小孩共住也是應兩

老要求，並無侵害配偶權部分，乃判文城必須賠償一百二十萬元，全案確定。

專家的意見

家庭成員缺乏自覺性，造成日後解組的悲劇

乍看之下，這是很平常的外遇事件，仔細分析，卻發現其中藏著太多的議題，也反映出這個家庭中每個成員的錯誤觀念與生活態度。

兩個人結婚成立小家庭，就是建立家庭結構的初始基礎，而小家庭與夫妻各自的原生家庭也要建立健康的兩代關係，互動良好則互有資源與支援，對於第三代既能提供照顧，又能有好榜樣。案例中文城夫妻與公婆三代同堂，若互動良好則家庭關係緊密，但這個家庭主關係（夫妻）及次關係（婆媳和祖孫）與原生家庭關係（母子）之間非常不平衡，每個成員都缺乏自覺性，才會造成日後的家庭解組悲劇。

1.夫妻關係

文城夫婦結婚沒幾年，夫妻關係似乎淡薄，縱使工作難求，妻子不得不在台北上班，但台中離台北也不遠，高鐵僅需五十分鐘，開車也只要兩小時，兩人不僅不常見面，似乎

連平日也幾乎不打電話分享彼此的生活。夫妻應有情感，也有性慾，每隔一陣子也該有行房之實，難道麗娟一點感覺都沒有，不覺得丈夫跟以前不一樣了？也許他倆真的因遠距而無肌膚之親，這樣的婚姻雙方都有把握能維持嗎？

麗娟可能很傳統，專注於賺錢養家照顧女兒，相信自己、信任丈夫，何況還有公婆在家，所以她安心與女兒過著假性單親生活，完全沒顧到丈夫的身心需求。文城卻不安於假單身生活，對妻女的思念漸淡，這時正好遇見小玉，兩人甜蜜的互動給他單調的日子塗上色彩，他陷入眼前歡愉，就把婚姻責任置諸腦後了。

2.婆媳關係

本來雖同住，婆媳互動顯然是制式的例行公事，並未建立家人心連心的情感。既然兒子同意妻子在北部工作，她也沒意見，又因為重男輕女，並未主動說要幫忙帶孫女，讓她跟著母親北上，也可監視母親，保護她的「安全」。

婆婆不明是非，偏袒兒子，已婚的文城熱戀時她未加以制止，看兒子快樂她就高興。而從懷孕到生產又是一段不算短的時間，她沒去告知媳婦婚姻已有大危機，等到兒子帶著小三及男嬰住進家中，她看到小金孫大喜過望，於是新的家庭在她的認可下成立了。

更甚的是，當麗娟發現鳩佔鵲巢，想要爭取自己的權利

時，婆婆的態度居然是翻臉不認人，離婚或打進冷宮讓她二選一，根本就是代替兒子在逼迫麗娟，母子心態完全一樣，眼中只有小男嬰，沒有大女兒。麗娟做夢也沒想到這個春節居然是她婚姻終結、人生面臨重大改變的時刻。

3.親子關係

　　女兒出生後有爸爸、爺爺、奶奶，但並未被視為掌上明珠。媽媽北上工作，奶奶沒有留她，爸爸也很少來台北探望，親情自然較為淡薄，她與媽媽相依為命過著假性單親生活，母女關係自然緊密。她本來一定很高興和母親回台中過春節，卻面對景物依舊人事全非的局面，小小心靈必受很大衝擊，她面臨和媽媽一樣被家人遺棄的命運！身處在這種不健康的大家庭中，她的人格成長必然扭曲，對家人無法信任與親近，對母親會過分依賴，長大後會有許多偏差的人生觀與價值觀，需要長期心理輔導，才能擁有健康的心理與正確的人生觀。

4.情夫與小三關係

　　文城假冒單身與小玉談戀愛，對自己不誠實也欺瞞對方，但女人一旦付出感情就難以自拔，懷孕後又在文城的關心與陪伴下生了男嬰，想必文城瞭解他母親重男輕女，一定不會反對他帶小玉母子回家住，於是兩人儼然正式夫妻住進

主臥室。由於文城愛「妻」心切及陳母的誠心接納，新的家庭結構建立了，家庭成員互動熱絡又有溫情。

這究竟是婚外情從地下轉為公開的蜜月期，還是文城與小玉才是真正合適的一對？「婆婆」是因為愛屋及烏，還是與小玉有緣，兩人可以融洽相處不生事，所以她寧可要小三留下，而不顧明媒正娶的媳婦？

小玉因為愛情原諒了文城當初的欺瞞，也認定了文城就是她託付終身的對象，既然「婆婆」接納了，又堂而皇之地搬進陳家，就表示扶正有望，差別只是時間問題罷了，她可以等！搞不好還可以再生一個。她完全沒想到舊人哭的慘狀，不知她是侵犯了麗娟的配偶權，毀了另一個女人的生活，連帶她的女兒。

找回真正的自己，重新出發過新生活

故事中的每個人都是關係人，每個人都以為自己走的路是對的，未能覺知到後果。最大的受害者當然是麗娟，她當初以為夫妻相距兩地無妨，豈知遭此變故，在家被排擠，只好向司法伸援手，打官司勞心勞力，判決還不一定如她所願。何況夫妻已經反目，婆婆也氣她不聽話、不依她的提議做選擇，這個家她是回不去了，她已由外遇受害者變成失婚者。

此時的麗娟應立刻去接受心理輔導/婚姻諮商，發洩各

種負面情緒，平復心情後瞭解這只是一個有名無實的婚姻，不值得眷戀，先找回真正的自己及自己認同的價值，重新出發，過新生活。

女兒是第二個受害者，雖然現在有母親庇護，心裡也明白自己在家中的地位，會有自卑感產生，也有積怨在心。母親宜多和她談談現實的殘酷，人生難免會有挫折，錯不在自己，只能寬大原諒父親及奶奶，畢竟父女及祖孫身上流著同樣的血。當然，女兒能越早接受心理輔導，對她的人格成長越有幫助。

小玉既是入侵者、受益者，也可能是第三受害人，連法官都說因麗娟無法舉證小玉在知情文城已婚身分後，仍有發生性關係，且根據小玉與陳母的對話記錄，顯示陳母要求孫子住在家裡，因此判斷小玉並無侵害麗娟的配偶權，這樣的判決並不合情理。如果麗娟不服，決定死守有名無實的婚姻，堅不離婚，則小玉一輩子可能沒有婚姻名分，小孩成為被領養者，她就是自己害了自己，也變成受害人，以後因心願未遂心情苦悶，也得尋求婚姻諮商。

從婚姻受害人轉換成人生學習者

法院判決文城必須賠償妻子一百二十萬元，麗娟的意思是不想離婚，只想出口氣。現在小三沒事，男嬰一天一天長

大，丈夫付了錢可能就沒悔意了，現狀就會變成長久，而自己拿了一百二十萬元就能彌補身心受創嗎？因此無論怎樣，麗娟就是受傷害最深的人。

　　家庭中每個成員對於現狀的造成都有責任，尤其是夫妻本身。感情基礎好，遠距關係撐得住；感情基礎薄弱，分開兩地各自生活，沒有分享、缺乏溝通，只會漸行漸遠。文城夫妻也許是傳統夫妻，結婚生子，完成人生大事，下個階段就是努力工作栽培孩子，所以麗娟安心在台北工作，文城則犯了傳統男人的毛病，天高皇帝遠，背著老婆交女友。

　　麗娟也太傳統，丈夫顯然不關心自己，她沒主動出擊，也不瞭解男人的身心需求，也許他們平常的聯繫只是簡單的問候，不帶一絲感情，沒有愛的表現，因時空阻隔又增加了疏離感。

　　文城已深陷泥淖，麗娟仍有潛能，可教導也，經此變故，她若能覺醒，從婚姻受害人轉換成人生學習者，則可以成為一個快樂的女人。

25 人到中年的「三明治」危機

> 很多看似難以處理、容易造成壓力之事，如果讓它們成為生活的一部分，不妨先接納，再與之和平共存，人生還是可以順暢開心的。

案例 夾在兩代間身心俱疲的小唐

我是大學教授，以研究為主，經常要收集資料，開會討論及發表成果，非常忙碌，還好能勝任。太太喜歡玩股票並管理兩間出租店面，兩個孩子很愛讀書，功課極佳，人際關係卻很差，放假日都在家裡玩電腦，這就是我的生活狀況，沒什麼好抱怨的。

問題出在我媽。爸爸過世後她一個人住在鳳山老家，偶爾上台北跟我們住。八十歲以後就比較少北上，都是我開車下去接她，她才勉強上來住一星期。老人家還是習慣住自己的家，我就幫她請了一位幫傭，一星期五天，每天上班四小時，幫忙買菜、做飯及打掃。

媽媽今年八十六歲了，從去年起就有嚴重的遺忘現象。

我請幫傭上朝九晚六的白天班，加強照顧。媽媽老是忘記我跟她說過這些調整，四小時一到就請幫傭回家，解釋了半天，她就是不相信，認為人家想多賺錢，幫傭乃悻悻然離去，這樣的戲碼每天上演，雙方都打電話向我告狀。

我只好硬把媽媽接到家裡來住，還請了一位印傭陪伴。我知道她很不快樂，媳婦雖以禮相待，卻跟她沒話聊，就是同坐在客廳，也是自顧自滑手機。兩個孫子回家後打個招呼就各自躲回自己的房間。媽媽只能等我有空時跟我聊聊以前的事，片段的記憶，跳躍的思考，已經不是有主題的聊天了，我只有帶著笑容耐心傾聽。

這幾個月我突然覺得生活有壓力，這是以前沒有的感覺。我希望祖孫三代一起去郊遊，他們母子都沒興趣，我想單獨帶媽媽外出用餐，她怕我花錢，堅持不要。我覺得自己沒有盡全力孝順母親，對家人也使不上力，他們三人跟我媽相處的時間不多，又不是母子連心的感情，我不能勉強他們。

現在待在研究室變成一種逃避，專注於研究，就不會想別的事，但每天還是得回家啊！一離開學校立刻壓力罩頂，全身緊繃，要顧慮妻子的情緒，又要跟孩子互動，還要照顧母親的心情，為什麼一家五口不能和樂融融呢？我好煩喔，真的希望家裡每個人都開心，也能體會我的壓力，幫我一點忙。媽媽年紀大，我不能指望她做任何改變，太太我行我

素，孩子又有自己的天地，唉！

諮商師的分析與輔導

形式上做到孝親，卻缺乏實質的親情互動

　　五十幾歲、為人子女者多已進入「三明治時期」，上有年邁父母、下有未成年子女。一家人若感情緊密，不論是否住在一起，心理上的感覺就是很親近，生活上也可就近照顧，但像小唐的案例，他是有孝順之心，盡其力照顧母親，但只是單線互動，並沒有其他家人的環狀互動。小唐的小家庭甚是和樂，夫妻互相尊重，孩子認真唸書不用父母操心，問題就在小唐未把他的母子親情與他的小家庭親情結合在一起，就算母親北上同住，家人都把她當客人，禮貌相待，並無祖孫三代的感情交流，也就是說形式上做到孝親，卻缺乏實質的親情互動。

　　母親年紀漸大，經常遺忘，這是個警訊，小唐只是憐惜，也覺得老人家越來越難溝通，母子聊不到一塊兒。他只想為母親多做一些，請了全職幫傭，母親卻把人家趕回去，只好接來同住，大家都對她太客氣了，老人家反而不知所措，不敢找人聊天或開口要求事情。兒子不在時她感覺寂寞，兒子回房間時她感到孤單，於是話就越來越少了。

小唐也不是沒覺察到母親的不快樂，他催促太太陪母親聊天，或帶她出門去買水果，同行時老人家盡聊一些鳳山街坊的事，太太沒興趣也接不上話，幾次下來老太太就不想出去了，太太也覺得吃力不討好。小唐再三告誡孩子要對奶奶好，多陪她聊天，孩子們生硬地報告學校上課情形，奶奶當然很高興，但卻變成例行公事，每天報告，卻不想聽奶奶敘舊事。

諮商心理師明確地指出小唐心有餘力不足，空有形式缺乏溫情，家人都看在小唐面上才去接近奶奶。以前小唐母子關係與小唐家庭關係相安無事，是因為不會互相干擾，現在母親開始需要大量關注與協助，已不是小唐一人能負荷，他想運用家庭資源，卻是支援不上，使不上力時就怪罪老婆孩子，而他們也有怨言，以至於巨大壓力罩頂。

活化主關係與次關係，串流成循環的大家庭關係

表面上看起來壓力源是年邁母親，但老化是人生必經的過程，小唐如果不去瞭解老化的種種徵候，學習與事實共存，那壓力源就是他自己了，他會給自己越來越多的壓力，乃至影響身心。諮商心理師安慰小唐，這是一個調整家庭關係的好時機，將大壓力化小、小壓力化無，很多看似難以處理、容易造成壓力的事，不妨先接納，再與之和平共存，讓

它們成為生活的一部分，人生還是可以順暢開心的。

　　所謂的「調整」，其實就是整治家庭關係，重新建立新的家庭成員關係。過去的兩個主關係──小唐母子關係及小唐夫妻關係，及三個次關係──婆媳關係、夫妻與孩子的關係、祖孫關係，都非常僵化，是時候來活化主關係與次關係，以親情串流成循環的大家庭關係。

1.醫學鑑定母親老化狀況

　　首先要瞭解奶奶的健康狀況，目前是遺忘，是否很快會進入失智階段，家人才能聽醫囑來幫助她、照顧她。夫妻宜一起陪老太太去醫院，媳婦就是與婆婆再沒話講，若每次外出都能隨行，尤其到醫院檢查或治療，老人家會因陪伴而有安全感，即便兩人沒話說，也能感到安心。

2.夫妻關係應注入新元素

　　小唐可多主動陪妻子去娘家，也對妻子動之以情，拜託她把婆婆放在與關心孩子同等的地位，並一起教導孩子們來關懷奶奶。這就需要小唐的愛心與耐心，一點一點地引導妻子，因為她並不是對婆婆不好，而是從未真正用心想過該如何與婆婆相處，反正都交給先生，他媽最聽他的！

　　媳婦可以陪婆婆看她愛看的電視節目半小時，找劇中話題隨便聊聊，或者偶爾煮些老人家愛吃的菜、買她愛吃的水

果，小事情可以有大效果的。

3.小家庭親子關係

孩子光會唸書是不夠的，父母應教導他們關心週遭的人事物，而人際關係技巧不足就無法表達情感，家庭人際關係的學習就是最好的開始。孩子們已進入青少年階段，告訴他們，父母尊重他們是小大人，親子互動關係中，小孩地位提升，要以大人為榜樣，多關心家人並以行動表達，最重要的觀念就是「你不關心家人要關心誰？家人才是最愛你與最值得你信任的」。

沒有奶奶何來爸爸？奶奶一直是愛兒孫的，但她年邁，無力主動表達，孫子們又吝於挪時間與她相處，雙方的感情沒有機會流露，親情就卡住了。所以父母需要以身作則，先建立緊密的親子關係，才能引導孩子多與老人家互動。

4.祖孫關係

奶奶不太願意外出用餐，因此在家的晚餐就是家庭成員互動最好的時間及場所。孩子們在餐桌講學校的事，故意說是要講給奶奶聽的，也可以不時夾菜給老人家吃，慢慢就會瞭解哪些菜她可能沒興趣或吃不動，絕對不能嫌棄，還要記在心裡。

孩子放學回家可以買些點心與奶奶分享，記得要買軟

食，這些都是日常生活小事，做與不做而已，當老人家知道
孫子心中有她，生活就不會再感到寂寞。

若不改變，壓力必然越來越大

的確，原來一家四口的小家庭動力本是平衡狀態，後來
加入了需要關切與照顧的老奶奶，家庭動力就改變了，孝順
的小唐因為對加在身上的壓力漸感無力負荷，而求助心理諮
商，他接納心理師的溝通，自諮商歷程中瞭解到，自己若不
採取行動改變，壓力必然越來越大。

小唐的母親也才在遺忘階段，老人家本來就固執，不論
如何，她是長輩，家人都有道義照顧她，而一家四口就是最
好的心靈照顧資源，因此小唐一邊接受諮商，一邊開始重整
家人關係，四個月後見到成效，同時他也學到了，如果母親
未來需要更多的幫助，何處可以獲得社會資源與支援，可說
一舉兩得。

㉖ 無血緣的新兩代關係

> 　　動機純正且有愛心的「新兩代」，使雙方都感受到溫暖的生活經驗，不論以後各自的人生會如何發展，都會是彼此生命中的重要他人。

案例一 ▶ 張阿姨與玉珍的忘年之交

　　張阿姨是韓國華僑，在韓國政府文化部門擔任中文翻譯，常來台灣開會，台北的親友都會請她大啖道地的中華料理，某次飯局中認識了玉珍，她經常來往於台北首爾兩地，批發韓貨衣飾在東區賣，兩人詩書藝術都談得來，寫訊息打電話，一年至少三次在首爾相見，成了忘年之交。

　　一年後玉珍主動提出要認乾媽，張阿姨一生未婚，也無兄弟姊妹，雖然朋友不少，但從來沒有這麼可愛的「小」朋友，兩人相差二十五歲，卻可以把酒言歡促膝長談，從此就以乾媽乾女兒相稱。張阿姨唯一的顧慮是玉珍在台灣南部鄉下的親媽會怎麼想，玉珍雖孝順父母，卻因工作太忙且享受孤獨慣了，每兩個月才回南部探望，一定會分享在台北的生活，現在又加上首爾的「母女」會，不知道她親媽會不會介意？

親媽竟然很明理，很高興多一個人來疼愛單身的女兒，雖然從未謀面，卻也自女兒口中得知張阿姨有涵養、有學問，也富生活情趣，慶幸女兒遇到貴人。三年來兩位媽媽因為玉珍居中傳遞消息而感到互相熟悉，儘管有台灣親戚警告張阿姨，不要輕易在遺囑內容寫上非血緣人為繼承者，她只是一笑置之。

案例二 杜阿姨與芝莉的相知相惜

芝莉考進某出版集團擔任公關及總經理特助，常讀到資深總編輯杜阿姨的文章，深深感佩她的學問，常向她請教一些名作家的生平與風格，以文會友，逐漸相約喝咖啡或吃中飯。杜阿姨的兒子在美國成家立業，丈夫在大陸經商，平時一個人在家，而芝莉先生的辦公室正好在杜阿姨家附近，因此兩人下班後會一起去超市買菜，芝莉再搭先生的便車回家，甚至有時先生加班，芝莉乾脆在杜阿姨家把菜煮好，再與先生一起回家享用。

芝莉的兩個雙胞胎孩子平日由媽媽幫忙帶，週末才自己照顧。爸媽年紀相差二十歲，爸爸年紀大了只顧看書寫文章，沉默寡言，不問家事世事，媽媽的嘮叨與抱怨全發洩在女兒身上，且喜歡管東管西，總覺得女婿太忙不顧家，女兒又喜歡在外出風頭，最好是待在家裡相夫教子。

原以為結了婚就可以脫離母親的掌握，但念及她悉心照顧雙胞胎孩子，想到媽媽的辛苦及孤寂，芝莉只好乖乖領受媽媽的牢騷。每每和杜阿姨聊天，免不了說出與母親多年互動的模式與壓力，當然也接收杜阿姨對兒子思念的情緒。

兩人有說不完的話，芝莉在節日及杜阿姨生日時都會寫卡片給她，乾媽的稱呼及充滿感情的字句令杜阿姨溫暖窩心。有一年公司忘年會時她當眾宣佈收芝莉為乾女兒，關係正式化。芝莉並沒有讓親媽知道，但先生支持她，有時夫妻倆就在杜阿姨家用晚餐。孩子上幼兒園後帶回家自己照顧，讓親媽休息，每週固定兩晚去探望，陪她吃晚餐。杜阿姨看芝莉對親媽的體貼與孝心很感動，也就更疼愛這個乾女兒了。

案例三 ▶ 余阿姨與佳修的師生情誼

余阿姨是佳修的高中老師，佳修高三那年因與女友外宿，與家裡鬧得不可開交，父母向老師告狀，余阿姨居中調停，並連續輔導小情侶三個月。因為毫無責備，只是關心，佳修覺得可依靠、能信任，乃特別聽余老師的話，努力念書，考上國立大學，女友則考上中部私立大學。

大二那年余老師退休了，佳修因遠距戀情告吹傷心不已，每天跑余老師家訴說，老師總是傾聽、安慰、支持及鼓

勵，他覺得很溫暖。這種事是沒辦法與爸媽分享的，爸爸說讀書第一，媽媽則對女友批評得一無是處，也罵兒子沒眼光。除了感情的事，他也會分享學校趣事及與同學的互動及自己的種種情緒，正向的融入余老師的生活。

余阿姨的先生身體不好，提早退休，在家看書、種花種菜，兒子在竹科上班，已婚住新竹。佳修經常來吃飯，總幫忙洗碗盤及清理廚房、修修水電、釘門板等，還會帶些自家的土雞蛋來孝敬兩老，也開口叫「媽咪」及「乾爹」了，大學四年就在與乾爸媽比親爸媽還親近的互動中度過了。

佳修從不諱言在乾媽家很開心，一起吃飯看電視，討論個人及國家大事，親媽很吃味地說，「我看你還是叫我阿姨好了！」爸爸也說，「人家說不定嫌你煩，只是不好意思說！」佳修的父母受教育不高，思想很傳統，但人很好，可以講道理，心裡其實很高興，兒子在外有人疼，這表示自己教出好兒子，他們也就釋懷了。

余阿姨的媳婦憂心親生兒子對母親做得沒有乾兒子多，孝道都被人家盡光了，丈夫卻說，「有人要幫我孝順母親不是更好！」他也會傳訊息或送禮物給佳修，表示感激。

血緣、姻緣，聚一個好緣

真情流露，有付出也有回收

認乾親是華人社會一種特有的人際關係形式，與西方的乾父母/乾子女不相同，這種既是家庭又非家庭的人際關係之形成，有目的性的，也有純感情的，本文三個案例都是單線的，純感情的成人乾親子關係，具有下列幾項特質：

1.投緣：第一要素當然是互相看順眼，也欣賞其個人特質或優點，且有時間空間互動交流，儘管年齡相差甚多，因年輕人對年齡稍長者尊敬，願意親近瞭解，而長輩也接納關切，互相投緣。張阿姨與玉珍喜好相似乃相見歡，隔空也可深入交流，視為緣分；杜阿姨與芝莉有工作場所為平台，尊敬傾慕，因彼此瞭解而互相傾訴，分享生活點滴，也視為緣分；佳修則一直感恩高中老師居然能在他的成長過程中存在如此長久，雙方感情增進，亦師亦母亦友，真是有緣也投緣。

2.雙重角色佔優勢：原本是朋友、同事或師生之誼，以此為基礎而移情發展出乾親子關係，有朋友的平等出發點，也有兩代之間的孺慕與尊重，具有兩種角色的優勢，而不會有親子間的衝突。

3.溝通管道暢通：就因為不是親媽，不會整天嘮叨或過度關心，但又深切瞭解乾子女的喜怒哀樂，兩代之間可以針

對事情溝通，而沒有責罵或頂嘴的現象，反而心裡的話源源而出。乾子女的真情流露與誠懇也自然觸動乾媽的心，她也會為他們排難解憂，進而分享自己的心事。

4.各有欠缺，互相彌補：玉珍的親媽在南部，她固然想念，但畢竟不是談琴棋書畫的對象，認了乾媽後可以名正言順的撒嬌，又可享受亦母亦友的感情，張阿姨單身一輩子，玉珍雖不是真正承歡膝下，但也是感情寄託親情發展，她倆豐富了彼此的生活，都很開心；芝莉在杜阿姨身上找到她和親媽之間缺少的被瞭解與支持，她很高興有乾媽可以撒嬌，這本是她很想對親媽做的事，而杜阿姨也對她的撒嬌感到窩心、溫暖，很自然地對她有摸臉摟肩的親密動作；余家兩老退休，生活簡單平淡，兒子忙著自己的事業及小家庭，佳修的融入給他們的生活帶來溫暖與生氣，而佳修則視余家為避風港及加油站，每每來過之後回家就較能與父母相安無事了。

5.關係動力正向：因為投緣，使得真情流露，有付出也有回收，乾親關係不僅使雙方當事人豐富生活也有成長，關係動力也延伸進到乾子女的家庭，家人小吃味小抗拒之後，看到子女的改變，也就接納此乾親子關係為孩子生活的一部分。芝莉雖沒讓媽媽知道，但有先生的支持，也鼓勵她自這份乾親子關係中學習如何更善待自己的親媽。

血緣、姻緣，聚一個好緣

因為「新兩代」優質互動，讓原生親子關係更滑順

　　社會人際關係也好，家庭人際關係也罷，都是因為人而可複雜、可簡單，乾親子關係亦然。認乾媽並不表示就不愛自己的親媽，年輕人感情豐富，願意去發展一份特殊的人際關係，嚐試「新兩代」間的互動，其實對乾媽/乾子女而言都是挑戰。好在文中三個「新兩代」案例皆動機純正且有愛心，雙方都感受到溫暖的生活經驗，幾年下來的考驗也證實了沒有血緣的親情，不論以後各自的人生會如何發展，彼此都會是對方生命中的重要他人。

27 耐心化解子女的分化歷程

> 只要肯面對自己，重新整理內心的衝突，努力化解兩代歧異，雖然父母不見得能馬上被改變，但至少能打開僵局，讓溝通進行，親情必能在愛裡流動。

案例 ▶ 玫君痛苦的蛻變歷程

玫君生來就像媽媽，人長得漂亮聲音動聽，自小到大功課好，雖說父母都一樣疼愛孩子，她是爸爸的掌上明珠，哥哥則是媽媽的心頭肉，都說孩子是自己前世的情人。

讀高中時就因和男生在線上聊天被發現好幾次，讓媽媽很生氣，只准她在客廳使用電腦。她表面順從，心裡叛逆，發誓一定不要留在台北唸大學，偷偷將南部某大學填為第一志願，果然如願以償，可以遠離父母不受監督，父母則是萬分不捨，每天打電話問她生活情形，再三叮嚀不要隨便交男友，還不忘提醒人品的重要！

玫君喜歡英文，崇尚英美文化，另外還修了幾門藝術課，一次參觀畫展時認識了研究生張林，傾心於他的藝術修養，經常相約去看藝術展覽或表演，不多久即成為情侶。當

媽媽發現有男生在女兒住處留宿時，玫君解釋是原來的室友搬出去與男友同住，張林正好房子租約到期，先搬過來住一陣子，房租當然照付。

於是爸媽被迫接受張林「明為室友，暗為男友」的事實，每隔一週必搭高鐵南下與女兒度週末，藉此多瞭解張林。父母不喜歡他的外表，個子不高嘴又笨，唸理工的研究生大部分時間都待在研究室，週末才和玫君一起參加藝術活動。爸爸擔心女兒未婚懷孕，總是叮嚀要小心，要保護自己，而媽媽經常不客氣地在電話上或當著張林的面指桑罵槐，小倆口好不挫折。

大學畢業後，雖兩人都申請同樣的學校，偏偏張林獲得美國某大學的博士班獎學金，玫君則被英國某大學心理研究所錄取，那是她嚮往的科系，雙方決定放對方自由。小倆口分離時非常心酸，爸媽表面安慰，心中則是竊喜。

到英國念書沒多久，玫君在博物館認識來參觀的貿易公司年輕職員，英韓混血的社會新鮮人吉米，大學才剛畢業，想先做幾年事再深造。兩人因文化差異及對藝術的熱情而互相吸引，玫君感受到吉米對她的愛慕與尊重，自己也享受他的關懷與疼愛，由每週一次約會發展成兩天一次，再來乾脆搬入吉米的小公寓，兩人可以天天在一起。

玫君平常都用通訊軟體與父母通話或視訊，某天媽媽突

然發現通話背景有異，再三追問，玫君才承認自學校宿舍搬了出來，吉米是她的房東。爸爸察覺有異，首次對她發火，聲音之大，連正在廚房洗碗的吉米也聞聲趕來，父母終於見到他的廬山真面目了。爸爸立刻找旅行社安排，一星期後夫妻飛抵伯明罕，要女兒一起住旅館，說是家庭會議，其實是審訊大會。

玫君坦承已見過吉米家人，深受接納，自己也很滿意目前的同居關係，更喜歡英國的社會環境，希望拿到碩士學位後可以繼續攻讀博士，然後留下來找工作。父母一則以喜一則以憂，女兒唸書有成有抱負，將來能貢獻所學，多年栽培算是沒有白費，但她沉迷於戀情，吉米與她同是二十六歲，卻安於領薪水過生活的現狀，個性又安靜，如果女兒以後的成就超越他，兩人必定不會有好結果，倒不如現在就分手。

玫君當然聽不進去，親子關係鬧僵了，媽媽又發現女兒胸前及大腿上刺有吉米英文姓名縮寫及一朵玫瑰，痛心不已，爸爸則憤怒異常，直呼「身體髮膚受之父母」。玫君覺得自己在父母眼中是個罪人，哭著衝出旅館叫車回住處，躺在吉米懷裡，獲得暫時的安慰，但她知道吉米這個老外根本無法理解這種蘊藏在華人文化裡的親子衝突。

父母盛怒之下飛回台灣，寄情於公司業務，絕口不提女兒，也切斷了她的經濟來源，就是希望她在英國生活過不下

去，自己跑回來。事實上吉米的薪水用在房租就佔了三分之
一，的確不夠兩人開銷，情急生智，把小書房改成臥室，
在網路上招攬背包客，倒也不無小補。但這畢竟不是長遠之
計，除了有風險，更缺乏兩人生活的私密性，還是得想想別
的開源之計。

專家的意見

父母的愛太多，讓孩子倍受壓力

　　玫君也不是沒有感受到父母對她的愛，就是因為太愛
了，自小就感受到壓力，心裡總有逃避、跳脫的念頭，但不
論是到南部唸大學或到英國留學，父母的愛無所不在，自己
也一直生活在壓力之下。

　　想想爸媽也真辛苦，胼手胝足將小公司變成大企業，日
夜忙碌，就是想給全家過上好日子，並栽培兩個孩子，把錢
花在孩子身上從不手軟。在父母眼中，她永遠是不諳世事的
小女孩，他們用自己的意念與期待在管束她、保護她，卻沒
看到她一心想掙脫保護，想要依自己的個性建立個人的生活
方式。當父母期待落空，又不想接受現實，兩代之間的衝突
就越來越深了。

　　父母切斷匯款已經六個月，玫君也不願主動聯絡，她不

認為自己有錯，但她對父母的怨恨與不滿已經隨著時間化為思念與擔心，還有一點懊悔，不該對遠道而來的父母拂袖而去，吉米也感受到她的焦躁不安及憂心，表明自己幫不上忙。玫君感動於男友的知心，決定要趁春假回台灣一趟，不是要求金援，而是要試著化解親子心結。

父母看到女兒突然出現，驚訝又驚喜，立刻切水果倒飲料，也趕緊打電話到新竹，把哥哥召回團聚。坐在餐桌前，親情與思念順著淚水流下，玫君脫去小外套，露出洋裝低領口處的刺青，含淚告訴父母，「爸媽，不管我有沒有刺青，我永遠是玫君，你們心愛的女兒。」

「我沒有告知就跑回台北，是因為我太想念你們了。爸媽生我、養我、愛我，也不知哪一年才能回報，我不是故意要傷你們的心，只是我長大了，要從家裡分化出來，獨立的個體要建立自己的生活方式，你們以後可不可以用成人的方式相待，凡事可以討論商量。」

「我們家庭一向和樂美滿，以前不想讓爸媽生氣，更不想挨罵，所以表面上我都聽話。大學及研究所在外生活，尤其讀了心理研究所，我做了很深的自我瞭解及檢討，從我的積怨與苦處中逐漸看到你們的苦心，同理到你們的愛。我只求爸媽能花點心思重新認識你們的女兒，一個在家庭教育、學校教育與社會環境相互薰陶中長大的女性，能擁有自己的

人生哲學、性愛感情婚姻觀及人生目標。」

「我知道你們不喜歡我的男朋友，其實我與很多男生約會過，我知道怎麼做選擇的。張林是好男孩，吉米雖是老外，但懂得尊重我、聆聽我，我不一定要找一個跟我一樣走學術路線的伴侶，至少目前我很滿意與吉米的關係，跟他在一起我很開心，也想和你們分享我的戀情。以前怕你們生氣，我什麼事也不說，總是先斬後奏，這幾個月以來我想了很多，如果我常和你們分享生活的事，包括戀情，你們可不可以不要先擔心或否定我，而是用心傾聽，或是給我意見呢？當然，我也希望你們尊重吉米，他會本著愛屋及烏的心理與你們相處，慢慢熟了，你們也會喜歡他的。」

在台灣停留兩星期，玫君全心全意陪著父母，訴說自小到大有趣的親子互動，也仔細聆聽父母的話，雙方都珍惜這短短相處的時間，玫君可以感受到父母複雜的心情，既感動又感傷也無奈。孩子長大了不得不放手，但也只有這樣才不會失去孩子，才能真正擁有孩子的心。

因為女兒的坦承，父母也重新被教育

玫君人在異鄉，本來就會對家及家人有所思念，雖有戀情可依靠，卻是得不到父母的祝福，讓她感到遺憾，再加上兩代間的衝突，罪惡感使她過得不快樂，好在她肯面對自

己，重新整理內心的衝突，促進自我成長，想要突破現狀，乃鼓起勇氣回去和父母溝通，努力化解衝突。父母不見得能馬上被她改變，但至少僵局已打開，溝通在進行，親情在愛裡流動。

玫君的父母是好雙親，疼愛孩子也管教得當，只是因為太關心孩子了，所以希望孩子能照著父母的期望長大、過生活。玫君也沒讓父母失望，功課從不落人後，且有責任感及藝術涵養，只是她的一些作風，如刺青、同居及選擇的男朋友無法獲得父母認同，好在父母因她的主動而重新認識這個長大的女兒，意識到不能再以從前上對下的態度來對待她了，因此在女兒的坦承之下，父母也重新被教育，學習以新的方式來看待女兒及與之互動了。

國家圖書館出版品預行編目資料

血緣、姻緣,聚一個好緣 / 林蕙瑛著. -- 初版. --
新北市 : 金塊文化, 2020.12
192 面 ;15 x 21公分. -- (智慧系列 ; 14)
ISBN 978-986-99685-0-8(平裝)
1.婚姻 2.家庭 3.親子關係 4.兩性關係
544.3　　109018706

智慧系列 14

血緣、姻緣，聚一個好緣

金塊 文化

作　　者 ：林蕙瑛
發 行 人 ：王志強
總 編 輯 ：余素珠
美術編輯 ：JOHN平面設計工作室

出 版 社 ：金塊文化事業有限公司
地　　址 ：新北市新莊區立信三街35巷2號12樓
電　　話 ：02-2276-8940
傳　　真 ：02-2276-3425
E - m a i l ：nuggetsculture@yahoo.com.tw

匯款銀行 ：上海商業銀行 新莊分行（總行代號 011）
匯款帳號 ：25102000028053
戶　　名 ：金塊文化事業有限公司

總 經 銷 ：創智文化有限公司
電　　話 ：02-22683489
印　　刷 ：大亞彩色印刷
初版一刷 ：2020年12月
定　　價 ：新台幣300元